아주 쉽게 따라 쓰는
천千자字문文

아주 쉽게 따라 쓰는
천千자字문文

바른한자사용연구회 편저

씨앤톡
See&Talk

뜻풀이

天地玄黃(천지현황)
하늘은 위에 있어 그 빛이 검고 땅은 아래 있어서 그 빛이 누르다.

天				
음 하늘천 뜻 하늘				
一 二 キ 天				

地				
음 땅지 뜻 땅				
一 十 土 圵 地 地				

玄				
음 검을현 뜻 검다				
丶 二 宀 玄 玄				

黃				
음 누를황 뜻 누렇다				
一 卄 芉 芇 苎 苗 黃				

뜻풀이

宇宙洪荒(우주홍황)
하늘과 땅 사이는 넓고 커서 끝이 없다. 즉 세상의 넓음을 말한다.

宇				
음 집 우 뜻 집				
丶丶宀宁宇				

宙				
음 집 주 뜻 하늘				
丶丶宀宁宙宙				

洪				
음 넓을 홍 뜻 넓다				
丶氵氵汁洪洪洪				

荒				
음 거칠 황 뜻 거칠다				
一艹艹艹芒芒荒荒				

뜻풀이

日月盈昃(일월영측)
해는 서쪽으로 기울고 달도 차면 점차 이지러 진다. 즉 우주의 진리를 말한다.

日				
음 날 일 뜻 해 ㅣ 冂 月 日	日	日	日	日

月				
음 달 월 뜻 달 丿 几 月 月	月	月	月	月

盈				
음 찰 영 뜻 가득 차다 丿 乃 及 及 盈 盈 盈	盈	盈	盈	盈

昃				
음 기울 측 뜻 해가 기울어지다 ㅣ 冂 日 旦 尸 昃 昃	昃	昃	昃	昃

뜻풀이

辰宿列張(진숙열장)
성좌가 해 달과 같이 하늘에 넓게 벌려져 있음을 말한다.

辰
음 별 진 뜻 별
一 厂 厂 戶 戶 辰 辰

宿
음 잘 숙 뜻 자리
丶 宀 宁 宁 宿 宿

列
음 벌일 열 뜻 벌이다
一 ァ ヌ 歹 列 列

張
음 베풀 장 뜻 베풀다
フ 弓 引 引 弘 張 張

뜻풀이

寒來暑往(한래서왕)
찬 것이 오면 더운 것이 가고 더운 것이 오면
찬 것이 간다. 즉 사철의 바뀜을 말한다.

寒
음 찰한 뜻 차다
丶丶宀宀宁宙宜寒寒

來
음 올래 뜻 오다
一厂厂厂厂來來

暑
음 더울서 뜻 덥다
丨口日旦昇暑暑

往
음 갈왕 뜻 가다
丿彳彳彳行往往

뜻풀이

秋收冬藏(추수동장)
가을에 곡식을 거두고 겨울이 오면 그것을 감춰 들인다.

秋
음 가을 추 뜻 가을
丿 二 千 禾 禾 秋 秋

收
음 거둘 수 뜻 거두다
丨 丬 丬 丬 收 收

冬
음 겨울 동 뜻 겨울
丿 夂 夂 冬 冬

藏
음 감출 장 뜻 감추다
艹 艹 芓 莊 莊 藏 藏

천자문 9

뜻풀이

閏餘成歲(윤여성세)
일 년 이십사절기의 나머지 시각을 모아 윤달로 하여 해를 이루었다.

閏				
음 윤달 윤 뜻 윤달				
ﾉ ｱ ｱﾞ 門 門 閏 閏				

餘				
음 남을 여 뜻 나머지				
ﾉ ｽ ｦ 仒 飠 飠 餘				

成				
음 이룰 성 뜻 이루다				
ﾉ 厂 厃 成 成 成				

歲				
음 해 세 뜻 해, 세월				
ﾄ 止 产 产 歩 歲 歲				

뜻풀이

律呂調陽(율여조양)
천지간의 양기를 고르게 하니 즉 율은 양이요 여는 음이다.

律				
음 법칙률 뜻 법				
ノ 彳 彳 彳 律 律 律				

律

呂				
음 풍류려 뜻 음률				
丨 口 口 口 口 呂 呂				

呂

調				
음 고를조 뜻 고르다				
丶 亠 言 訂 訊 調 調				

調

陽				
음 볕양 뜻 볕				
⻖ 阝 阝 阝 阳 陽 陽				

陽

뜻풀이

雲騰致雨(운등치우)
수증기가 올라가서 구름이 되고 냉기를 만나 비가 된다. 즉 자연의 기상을 말한다.

雲
음 구름 운 뜻 구름
一 二 帀 雩 雲 雲

騰
음 오를 등 뜻 오르다
月 月` 脌 謄 謄 騰 騰

致
음 이룰 치 뜻 이루다
一 工 云 至 줬 致 致

雨
음 비 우 뜻 비
一 厂 厅 币 币 雨 雨

뜻풀이

露結爲霜(노결위상)
맺힌 이슬이 서리가 되고 밤기운이 풀잎에 물방울처럼 이슬을 이룬다.

露	露	露	露	露
음 이슬 로 뜻 이슬				
一 于 乎 雨 雷 霞 露				

結	結	結	結	結
음 맺을 결 뜻 맺다				
ㄥ 幺 糸 糹 紝 結 結				

爲	爲	爲	爲	爲
음 할 위 뜻 하다				
ノ 乃 㕚 产 爲 爲				

霜	霜	霜	霜	霜
음 서리 상 뜻 서리				
一 于 乎 雨 雫 霜 霜				

뜻풀이

金生麗水(금생여수)
금은 여수에서 나니 여수는 중국의 지명이다.

金	金	金	金	金
음 쇠금 뜻 금 ノ 人 亽 仐 个 余 金 金				
生	生	生	生	生
음 날생 뜻 낳다 ノ ㅏ 生 牛 生				
麗	麗	麗	麗	麗
음 고울려 뜻 곱다 丆 襾 覀 严 严 麗 麗				
水	水	水	水	水
음 물수 뜻 물 亅 刀 水 水				

뜻풀이

玉出崑岡(옥출곤강)
옥은 곤강에서 나니 곤강은 역시 중국의 산 이름이다.

玉
음 구슬 옥 뜻 구슬
一 二 干 王 玉

出
음 날 출 뜻 나다
丨 屮 屮 出 出

崑
음 산 이름 곤 뜻 산 이름
丨 山 屵 岢 峊 崑 崑

岡
음 언덕 강 뜻 산등성이
丨 冂 冂 冈 冈 岡 岡

뜻풀이

劍號巨闕(검호거궐)
거궐은 칼 이름이고 구야자가 지은 보검이다.

劍				
음 칼 검 뜻 칼				
ノ 入 亽 슈 鈆 剑 劍				

號				
음 이름 호 뜻 이름				
口 口 号 号 号 號 號				

巨				
음 클 거 뜻 크다				
一 丅 下 FE 巨				

闕				
음 대궐 궐 뜻 대궐				
厂 門 門 閂 問 闕 闕				

뜻풀이

珠稱夜光(주칭야광)
구슬의 빛이 밤에도 낮 같은 고로 야광이라 칭하였다.

珠
음 구슬 주　뜻 구슬
一 = т ŧ 玡 玞 珠 珠

稱
음 일컬을 칭　뜻 일컫다
二 千 禾 禾 稱 稱 稱 稱

夜
음 밤 야　뜻 밤
、 亠 广 疒 夜 夜 夜

光
음 빛 광　뜻 빛
丨 丨 丬 业 业 光 光

뜻풀이

果珍李柰(과진이내)
과실 중에 오얏과 능금나무의 그 진미가 으뜸임을 말한다.

果				
음 과실 과 뜻 과일				
ㅣ 口 日 旦 甲 昊 果				

珍				
음 보배 진 뜻 보배				
二 丅 王 珍 珍 珍 珍				

李				
음 오얏 리 뜻 오얏				
一 十 才 木 本 李 李				

柰				
음 능금나무 내 뜻 능금				
一 十 木 杰 李 李 柰				

> **뜻풀이**
>
> 菜重芥薑(채중개강)
> 나물은 겨자와 생강이 중하다.

菜
음 나물 채 뜻 나물
一 十 艹 艹 艹 苹 菜

重
음 무거울 중 뜻 무겁다
一 二 𠂉 台 宣 重 重

芥
음 겨자 개 뜻 겨자
一 十 艹 艹 艼 芥 芥

薑
음 생강 강 뜻 생강
艹 艹 艼 苗 薑 薑 薑

천자문 19

뜻풀이

海鹹河淡(해함하담)
바닷물은 짜고 민물은 맛도 없고 맑다.

海				
음 바다 해 뜻 바다				
丶 丶 丶 氵 汁 洰 海 海 海				

鹹				
음 짤 함 뜻 짜다				
卜 片 卤 鹵 鹵 鹹 鹹				

河				
음 물 하 뜻 강				
丶 丶 氵 汀 沪 河 河				

淡				
음 맑을 담 뜻 맑다				
丶 丶 氵 氵 淡 淡 淡				

뜻풀이

鱗潛羽翔(인잠우상)
비늘 있는 고기는 물속에 잠기고 날개 있는 새는 공중에 난다.

鱗				
음 비늘 린 뜻 비늘	鱗	鱗	鱗	鱗
夕 召 魚 魚' 魚* 鯨 鱗				

潛				
음 잠길 잠 뜻 잠기다	潛	潛	潛	潛
氵 沪 泙 洸 潜 潜 潛				

羽				
음 깃 우 뜻 깃, 날개	羽	羽	羽	羽
丿 丬 习 羽 羽 羽				

翔				
음 날개 상 뜻 날다	翔	翔	翔	翔
ゞ 兰 羊 羖 翔 翔 翔				

뜻풀이

龍師火帝(용사화제)
복희씨는 용으로써 벼슬을 기록하고 신농씨는 불로써 기록하였다.

龍 음 용 룡 뜻 용	龍 龍 龍 龍
師 음 스승 사 뜻 선생	師 師 師 師
火 음 불 화 뜻 불	火 火 火 火
帝 음 임금 제 뜻 왕, 임금	帝 帝 帝 帝

뜻풀이

鳥官人皇(조관인황)
소호는 새로써 벼슬을 기록하고 황제는 인문을 갖추었으므로 인황이라 하였다.

鳥
음 새 조 뜻 새
ノ 丶 冂 乌 烏 烏 烏

官
음 벼슬 관 뜻 벼슬
丶 丷 宀 冖 宀 官 官

人
음 사람 인 뜻 사람
ノ 人

皇
음 임금 황 뜻 임금
ノ 冂 白 白 白 皁 皇

뜻풀이

始制文字(시제문자)
복희의 신하 창힐이라는 사람이 새의 발자취를 보고 글자를 처음 만들었다.

始
음 처음 시 뜻 짓다
く 纟 女 女 如 始 始

制
음 지을 제 뜻 짓다
' 二 ニ 午 牛 制 制

文
음 글월 문 뜻 글월
丶 一 ナ 文

字
음 글자 자 뜻 글자
丶 丷 宀 宁 字

뜻풀이

乃服衣裳(내복의상)
이에 의상을 입게 하니 황제가 의관을 지어 등분을 분별하고 위의를 엄숙케 하였다.

乃
음 이에 내 뜻 이에
ノ 乃

服
음 입을 복 뜻 옷
ノ 几 月 爿 肝 服 服

衣
음 옷 의 뜻 옷
丶 一 ナ 广 产 衣

裳
음 치마 상 뜻 치마
丶 ⺌ 艹 ⺌ 尚 堂 堂 裳

천자문 25

> **뜻풀이**
>
> 推位讓國(추위양국)
> 벼슬을 미루고 나라를 사양하니 제요가 제순에게 전위하였다.

推
음 밀 추 뜻 밀다
一 亅 扌 扩 扩 推 推

位
음 벼슬 위 뜻 자리
丿 亻 亻 伫 位 位 位

讓
음 사양할 양 뜻 사양하다
亠 言 言 訁 諄 讓 讓

國
음 나라 국 뜻 나라
丨 冂 冂 同 國 國 國

뜻풀이

有虞陶唐(유우도당)
유우는 제순이요 도당은 제요이다. 즉 중국 고대 제왕이다.

有
음 있을 유　뜻 있다
ノ ナ オ 冇 有 有

虞
음 나라 이름 우　뜻 우나라
⺊ ㅏ 虍 虍 虍 虞 虞

陶
음 질그릇 도　뜻 질그릇
⻖ 阝 阝 阧 陶 陶 陶

唐
음 나라 이름 당　뜻 당나라
⼂ 广 户 庐 庚 庚 唐

뜻풀이

弔民伐罪(조민벌죄)
불쌍한 백성은 돕고 죄지은 백성은 벌주었다.

弔				
음 슬퍼할 조 뜻 조상하다 ㄱㄱ弓弔	弔	弔	弔	弔

民				
음 백성 민 뜻 백성 ㄱㄱ丆丅民	民	民	民	民

伐				
음 칠 벌 뜻 치다 ノ亻仁代伐伐	伐	伐	伐	伐

罪				
음 허물 죄 뜻 허물 ㄱ罒罒罪罪罪罪	罪	罪	罪	罪

뜻풀이

周發殷湯(주발은탕)
주발은 무왕의 이름이고 은탕은 왕의 칭호이다.

周				
음 두루 주 뜻 둘레				
丿 冂 冂 冃 用 周 周				

發				
음 필 발 뜻 피다				
丿 ヌ 癶 癶 癶 発 發				

殷				
음 나라 이름 은 뜻 은나라				
丿 户 户 自 自 殷 殷				

湯				
음 끓일 탕 뜻 끓이다				
丶 氵 氵 沪 沪 渇 湯				

뜻풀이

坐朝問道(좌조문도)
좌조는 천하를 통일하여 왕위에 앉은 것이고 문도는 나라 다스리는 법을 말한다.

坐 음 앉을 좌 뜻 앉다 ノ ㇏ ㇏ ㇏ ㇏ 坐 坐	坐	坐	坐	坐
朝 음 아침 조 뜻 아침 一 十 古 古 车 朝 朝	朝	朝	朝	朝
問 음 물을 문 뜻 묻다 丨 冂 冂 門 門 問 問	問	問	問	問
道 음 길 도 뜻 길 ㇏ ㇏ 亠 丷 首 首 道	道	道	道	道

뜻풀이

垂拱平章(수공평장)
밝고 평화스럽게 다스리는 길을 겸손히 생각함을 말한다.

垂
[음] 드리울 수 [뜻] 드리우다
一 二 三 千 千 垂 垂 垂

拱
[음] 껴안을 공 [뜻] 팔짱 끼다
一 ㄱ 才 才 扐 拌 拱 拱

平
[음] 평평할 평 [뜻] 평평하다
一 ㄱ ㄱ ㄱ 平

章
[음] 글 장 [뜻] 문장
一 ㄱ 立 产 音 音 章

천자문 31

뜻풀이

愛育黎首(애육여수)
명군이 천하를 다스림에 백성을 사랑하고 양육함을 말한다.

愛 음 사랑 애 뜻 사랑 ノ ⌒ ⍛ 愛 愛 愛 愛	愛	愛	愛	愛
育 음 기를 육 뜻 기르다 ヽ 亠 云 ㄊ 育 育	育	育	育	育
黎 음 검을 려 뜻 민중 二 千 禾 利 㓐 黎 黎	黎	黎	黎	黎
首 음 머리 수 뜻 머리 ⌒ ⌒ ⌒ 丷 首 首 首	首	首	首	首

뜻풀이

臣伏戎羌(신복융강)
이상과 같이 나라를 다스리면 그 덕에 융과 강도 항복하고야 만다.

臣
음 신하 신 뜻 신하
一 T 丆 五 五 臣

伏
음 엎드릴 복 뜻 복종하다
ノ 亻 仁 仕 伏 伏

戎
음 오랑캐 융 뜻 오랑캐
一 二 丅 式 戎 戎

羌
음 오랑캐 강 뜻 오랑캐
ヽ ゛ ⺌ 䒑 羊 羊 羌

뜻풀이

遐邇壹體(하이일체)
멀고 가까운 나라가 전부 그 덕망에 귀순케 하며 일체가 될 수 있다.

遐
- 음 멀 하 뜻 멀다
- ｜ ｜ ｜ ｜ 叚 叚 遐

邇
- 음 가까울 이 뜻 가깝다
- 一 ハ 雨 爾 爾 爾 邇

壹
- 음 한 일 뜻 하나
- 一 十 土 吉 吉 壹 壹

體
- 음 몸 체 뜻 몸
- ｜ 冎 骨 骨 骨 體 體

뜻풀이

率賓歸王(솔빈귀왕)
거느리고 복종하여 왕에게 돌아오니 덕을 입어 복종치 않음이 없음을 말한다.

率
[음] 거느릴 솔 [뜻] 거느리다

賓
[음] 손님 빈 [뜻] 손님

歸
[음] 돌아갈 귀 [뜻] 돌아가다

王
[음] 임금 왕 [뜻] 임금

뜻풀이

鳴鳳在樹(명봉재수)
명군 성현이 나타나면 봉이 운다는 말과 같이 덕망이 미치는 곳마다 봉이 나무 위에서 울 것이다.

鳴 음 울 명 뜻 울다 丨 口 叮 吲 响 鳴 鳴	鳴	鳴	鳴	鳴
鳳 음 봉황새 봉 뜻 수봉황새 丿 几 凡 凨 風 鳳 鳳	鳳	鳳	鳳	鳳
在 음 있을 재 뜻 있다 一 ナ 才 冇 存 在	在	在	在	在
樹 음 나무 수 뜻 나무 一 十 ナ 木 村 桔 樹 樹	樹	樹	樹	樹

뜻풀이

白駒食場(백구식장)
평화스러움을 말한 것이며, 즉 흰 망아지도 감화되어 사람을 따르며 마당 풀을 뜯어먹게 한다.

白
[음] 흰 백 [뜻] 희다
ノ 亻 白 白 白

駒
[음] 망아지 구 [뜻] 망아지
丨 厂 F 馬 馬 駒 駒

食
[음] 밥 식 [뜻] 밥, 음식
ノ 人 今 今 食 食 食

場
[음] 마당 장 [뜻] 마당
一 土 圢 坦 坦 堨 場

뜻풀이

化被草木(화피초목)
덕화가 사람이나 짐승에게만 미칠 뿐 아니라 초목에까지도 미침을 말한다.

化 음 될 화 뜻 바뀌다 ノ イ 仁 化	化	化	化	化
被 음 입을 피 뜻 끼치다 ラ 衤 衤 初 衸 衼 被	被	被	被	被
草 음 풀 초 뜻 풀 一 艹 艹 艹 荁 荁 草	草	草	草	草
木 음 나무 목 뜻 나무 一 十 才 木	木	木	木	木

뜻풀이

賴及萬方(뇌급만방)
만방이 극히 넓으나 어진 덕이 고루 미치게 된다.

賴
음 힘입을 뢰 뜻 의지하다
一 巾 束 刺 剌 輻 賴

及
음 미칠 급 뜻 미치다
ノ 丆 乃 及

萬
음 일만 만 뜻 일만
一 艹 苎 昔 莒 萬 萬

方
음 모 방 뜻 모, 방향
丶 一 亠 方

뜻풀이

蓋此身髮(개차신발)
이 몸의 털은 대개 사람마다 없는 이가 없다.

蓋
음 덮을 개 뜻 덮다
一 艹 艹 芏 若 菨 蓋

此
음 이 차 뜻 이쪽
丨 卜 丨 此 此

身
음 몸 신 뜻 몸
′ 亻 亻 自 身 身

髮
음 터럭 발 뜻 털
丨 F 镸 髟 髟 髮 髮

뜻풀이

四大五常(사대오상)
네 가지 큰 것과 다섯 가지 떳떳함이 있으니 즉 사대는 천지 군부요 오상은 인의예지신이다.

四				
음 넉 사　뜻 넷			
ㅣ 冂 冂 四 四			

大				
음 큰 대　뜻 크다			
一 ナ 大			

五				
음 다섯 오　뜻 다섯			
一 丁 丆 五			

常				
음 떳떳할 상　뜻 떳떳하다			
ㅣ ⺌ ⺌ 尚 尚 常 常			

뜻풀이

恭惟鞠養(공유국양)
국양함을 공손히 하라. 이 몸은 부모의 기르신 은혜이기 때문이다.

恭
음 공손할 공   뜻 공손하다
一 卄 丑 共 恭 恭 恭

惟
음 오직 유   뜻 생각하다
丶 忄 忄 忄 忄 惟 惟

鞠
음 기를 국   뜻 기르다
卄 苫 苢 靮 靮 鞠 鞠

養
음 기를 양   뜻 기르다
丷 羊 羊 养 养 養 養

뜻풀이

豈敢毁傷(기감훼상)
부모께서 낳아 길러 주신 이 몸을 어찌 감히 훼상할 수 있으랴.

豈	豈	豈	豈	豈
음 어찌 기 뜻 어찌				
` 丨 屮 屮 豈 豈 豈`				

敢	敢	敢	敢	敢
음 감히 감 뜻 감히				
丅 丅 千 百 百 耳 耳 敢				

毁	毁	毁	毁	毁
음 헐 훼 뜻 헐다				
亻 白 白 皇 卽 毁				

傷	傷	傷	傷	傷
음 상할 상 뜻 상하다				
亻 亻 伒 伃 侼 傷 傷				

뜻풀이

女慕貞烈(여모정렬)
여자는 정조를 굳게 지키고 행실을 단정하게 해야 함을 말한다.

女 [음] 계집 녀 [뜻] 여자 く 夊 女	女	女	女	女
慕 [음] 사모할 모 [뜻] 사모하다 艹 茾 苩 苩 莫 莫 慕	慕	慕	慕	慕
貞 [음] 곧을 정 [뜻] 곧다 丨 卜 ⺊ 占 肖 肖 貞	貞	貞	貞	貞
烈 [음] 매울 렬 [뜻] 맵다 一 ァ 歹 歹 列 列 烈	烈	烈	烈	烈

뜻풀이

男效才良(남효재량)
남자는 재능을 닦고 어진 것을 본받아야 함을 말한다.

男				
음 사내 남 뜻 남자 ㅣ ㄇ 曰 田 田 男 男	男	男	男	男

效				
음 본받을 효 뜻 본받다 ㅗ 亠 亠 交 交 효 效 效	效	效	效	效

才				
음 재주 재 뜻 재주 一 丁 才	才	才	才	才

良				
음 어질 량 뜻 어질다 丶 ㄱ ㅋ ㅋ 白 良 良	良	良	良	良

뜻풀이

知過必改(지과필개)
누구나 허물이 있는 것이니 허물을 알면 즉시 고쳐야 한다.

知	知	知	知	知
음 알 지 뜻 알다			
ノ 스 キ 矢 知 知 知			

過	過	過	過	過
음 지날 과 뜻 허물			
丨 冂 冃 咼 咼 咼 過			

必	必	必	必	必
음 반드시 필 뜻 반드시			
ヽ ソ 必 必 必			

改	改	改	改	改
음 고칠 개 뜻 고치다			
フ コ 己 己 己 攺 改			

뜻풀이

得能莫忘(득능막망)
사람으로서 알아야 할 것을 배운 후에는 잊지 않도록 노력하여야 한다.

得				
음 얻을 득 뜻 얻다				
ノ ヿ ⼻ ⼻⼀ 彳日 得 得				

能				
음 능할 능 뜻 능하다				
ㄥ 厶 台 育 育 能 能				

莫				
음 없을 막 뜻 말다				
一 艹 艹 苗 苗 莫 莫				

忘				
음 잊을 망 뜻 잊다				
丶 亠 亡 亡 忘 忘 忘				

뜻풀이

罔談彼短(망담피단)
자기의 단점을 말 안 하는 동시에 남의 잘못을 욕하지 말라.

罔
음 없을 망 뜻 없다
丨 冂 冋 冈 罔 罔 罔

談
음 말씀 담 뜻 말씀
丶 言 言 言 訟 談 談

彼
음 저 피 뜻 저
ノ 彳 彳 彷 彷 彼 彼

短
음 짧을 단 뜻 짧다
ㅗ 午 矢 矢 知 短 短

> **뜻풀이**
>
> 靡恃己長(미시기장)
> 자신의 특기를 믿고 자랑하지 말라. 그럼으로써 더욱 발달한다.

靡
음 쓰러질 미   뜻 쓰러지다
一 广 广 庐 麻 靡 靡

恃
음 믿을 시   뜻 믿다
忄 忄 忄 忙 怯 恃 恃

己
음 몸 기   뜻 몸
フ コ 己

長
음 길 장   뜻 길다
１ ⼁ ⼹ ⾧ 長 長 長

뜻풀이

信使可覆(신사가복)
믿음은 움직일 수 없는 진리이고 또한 남과의 약속은 지켜져야 한다.

信	信	信	信	信
음 믿을 신　뜻 믿음 亻 亻 亻 亻 信 信				

使	使	使	使	使
음 부릴 사　뜻 시키다 亻 亻 亻 亻 亻 使 使				

可	可	可	可	可
음 옳을 가　뜻 옳다 一 丁 丂 可 可				

覆	覆	覆	覆	覆
음 거듭 복　뜻 다시 一 覀 覀 覂 覆 覆 覆				

뜻풀이

器欲難量(기욕난량)
사람의 기량은 깊고 깊어서 헤아리기 어렵다.

器				
음 그릇 기 뜻 그릇				
丶 口 吅 吅 哭 哭 器				

欲				
음 하고자 할 욕 뜻 바라다				
丶 父 父 谷 谷 谷 欲				

難				
음 어려울 난 뜻 어렵다				
廾 芇 茊 堇 蓳 葟 難 難				

量				
음 헤아릴 량 뜻 헤아리다				
丶 口 므 旦 昌 量 量				

뜻풀이

墨悲絲染(묵비사염)
흰 실에 검은 물이 들면 다시 희지 못함을 슬퍼한다. 즉 사람도 매사를 조심하여야 한다.

墨
음 먹 묵 뜻 먹
丨 口 冂 回 里 黑 墨

悲
음 슬플 비 뜻 슬픔
丿 ㅋ 非 非 非 悲 悲

絲
음 실 사 뜻 실
㶓 幺 糸 糹 絲 絲 絲

染
음 물들 염 뜻 물들임
氵 氵 氿 氿 沈 染 染

> **뜻풀이**
>
> 詩讚羔羊(시찬고양)
> 시전 고양편에 문왕의 덕을 입은 남국 대부의 정직함을 칭찬하였으니 사람의 선악을 말한 것이다.

詩
음 시 시 뜻 귀글
` 一 ㅗ ㅗ 言 言 計 詩 詩

讚
음 기릴 찬 뜻 기리다
` 言 許 許 許 讃 讚

羔
음 새끼 양 고 뜻 새끼 양
` ` ㅗ ㅛ 辛 羊 羔

羊
음 양 양 뜻 양
` ` ㅗ ㅛ 亠 羊

뜻풀이

景行維賢(경행유현)
행실을 훌륭하게 하고 당당하게 행하면 어진 사람이 된다는 것을 말한다.

景
[음] 경치 경 [뜻] 볕, 경치
口 日 日 旦 昙 景 景

行
[음] 갈 행 [뜻] 가다
ノ ク イ 仁 行 行

維
[음] 벼리 유 [뜻] 매다
丝 纟 糸 糹 紝 維 維

賢
[음] 어질 현 [뜻] 어질다
ヲ 臣 臤 臤 臤 賢 賢

뜻풀이

尅念作聖(극념작성)
성인의 언행을 잘 생각하여 수양을 쌓으면 자연 성인이 됨을 말한다.

尅
음 이길 극   뜻 이기다
一 十 十 古 卢 克 克 尅

念
음 생각 념   뜻 생각하다
丿 人 人 今 今 念 念

作
음 지을 작   뜻 짓다
丿 亻 亻 亻 作 作 作

聖
음 성인 성   뜻 성인
丆 丆 耳 耳 耵 聖 聖

뜻풀이

德建名立(덕건명립)
항상 덕을 갖고 세상일을 행하면 자연 이름도 서게 된다.

德 음 큰 덕 뜻 크다 ノイ彳彳彳德德德	德	德	德	德
建 음 세울 건 뜻 세우다 フヨヨ亖聿建建	建	建	建	建
名 음 이름 명 뜻 이름 ノクタタ名名	名	名	名	名
立 음 설 립 뜻 서다 丶亠宀立立	立	立	立	立

뜻풀이

形端表正(형단표정)
몸 형상이 단정하고 깨끗하면 마음도 바르며 또 표면에 나타난다.

形
음 모양 형   뜻 모양
一 二 丁 开 开' 形 形

端
음 바를 단   뜻 끝
丶 ㅗ 立 立' 䇂 端 端

表
음 겉 표   뜻 거죽
一 = 主 𠂉 丯 表 表

正
음 바를 정   뜻 바르다
一 丁 下 正 正

뜻풀이

空谷傳聲(공곡전성)
산골짜기에서 크게 소리치면 그대로 전한다.
즉 악한 일을 당하게 된다.

空
음 빌 공 뜻 공간
丶丷宀宂宊空空

谷
음 골 곡 뜻 골
丿八夕父兴谷谷

傳
음 전할 전 뜻 전하다
亻伫伯俥傳傳傳

聲
음 소리 성 뜻 목소리
士吉声殸殸殸聲

뜻풀이

虛堂習聽(허당습청)
빈방에서 소리를 내면 울려서 다 들린다. 즉 착한 말을 하면 천리 밖에서도 응한다.

虛
음 빌 허 뜻 비어있음
丨 ㅏ 广 卢 虚 虚 虛

堂
음 집 당 뜻 집
丨 ㅛ 굥 굥 꿍 堂 堂

習
음 익힐 습 뜻 배우다
㇉ ヨ ㇉㇉ ㇉㇉ 羽 習 習

聽
음 들을 청 뜻 듣다
厂 耳 耴 聝 聽 聽 聽

뜻풀이

禍因惡積(화인악적)
재앙은 악을 쌓음에 인한 것이므로 재앙을 받는 이는 평일에 악을 쌓았기 때문이다.

禍
[음] 재앙 화 [뜻] 화
ㄱ ㄲ ㅈ 初 衦 禍 禍

因
[음] 인할 인 [뜻] 까닭
丨 冂 冂 円 円 因

惡
[음] 악할 악 [뜻] 나쁘다
一 ㄒ 下 亞 亞 惡 惡

積
[음] 쌓을 적 [뜻] 쌓다
一 千 禾 利 秲 積 積

뜻풀이

福緣善慶(복연선경)
복은 착한 일에서 오는 것이니 착한 일을 하면 경사가 온다.

福				
음 복 복 뜻 복	福	福	福	福
丶 ㇇ 衤 衤 衤 衤 祀 福 福				

緣				
음 인연 연 뜻 인연	緣	緣	緣	緣
乄 乊 糸 糹 紒 紒 絲 緣 緣				

善				
음 착할 선 뜻 착하다	善	善	善	善
丷 䒑 羊 美 盖 善 善				

慶				
음 경사 경 뜻 좋다	慶	慶	慶	慶
广 戸 庐 庐 鹿 鹿 慶				

뜻풀이

尺璧非寶(척벽비보)
한 자 되는 구슬이라고 해서 결코 보배라고는 할 수 없다.

尺
음 자 척 뜻 자
ㄱ ㄱ 尸 尺

璧
음 구슬 벽 뜻 구슬
ㄱ 尸 ㄕ ㄕ 辟 辟 璧

非
음 아닐 비 뜻 아니다
ノ ㄱ ㅓ ㅓ 非 非 非

寶
음 보배 보 뜻 보물
宀 宀 宀 宓 窊 寶 寶

뜻풀이

寸陰是競(촌음시경)
한 자 되는 구슬보다도 잠깐의 시간이 더욱 귀중하니 시간을 아껴야 한다.

寸
[음] 마디 촌 [뜻] 마디
一 寸 寸

陰
[음] 그늘 음 [뜻] 그늘
㇇ 阝 阝 阾 阾 陰 陰

是
[음] 이 시 [뜻] 이것
丨 冂 曰 旦 甼 旱 是

競
[음] 다툴 경 [뜻] 다투다
二 立 辛 咅 音 竟 競

뜻풀이

資父事君(자부사군)
아비를 자료로 하여 임금을 섬길지니 아비 섬기는 효도로 임금을 섬겨야 한다.

資				
음 도울 자 뜻 도움				
ﾝ ﾝ ﾝ 次 资 资 資				

父				
음 아버지 부 뜻 아버지				
ノ 八 ク 父				

事				
음 일 사 뜻 일				
一 ㄇ ㄇ 亐 亐 亐 事				

君				
음 임금 군 뜻 임금				
ㄱ ㄱ ㄹ 尹 尹 君 君				

뜻풀이

曰嚴與敬(왈엄여경)
임금을 대하는 데는 엄숙함과 공경함이 있어야 한다.

| 曰 [음] 가로 왈 [뜻] 말하기를
 丨 冂 冃 曰 |
| 嚴 [음] 엄할 엄 [뜻] 엄하다
 吅 吅 严 严 嚴 嚴 嚴 |
| 與 [음] 더불어 [뜻] 더불어
 丨 丨 丨 丨 與 與 |
| 敬 [음] 공경 경 [뜻] 공경하다
 一 丱 丱 芍 苟 苟 敬 |

> **뜻풀이**
>
> 孝當竭力(효당갈력)
> 부모를 섬길 때에는 마땅히 힘을 다하여야 한다.

孝
[음] 효도 효 [뜻] 효도
一 十 土 耂 耂 孝 孝

當
[음] 마땅 당 [뜻] 마땅하다
丨 ⺌ ⺌ 尚 尚 當 當

竭
[음] 다할 갈 [뜻] 다하다
亠 立 立 吲 吲 竭 竭

力
[음] 힘 력 [뜻] 힘
フ 力

뜻풀이

忠則盡命(충즉진명)
충성함에는 곧 목숨을 다하니 임금을 섬기는 데 몸을 사양해서는 안 된다.

忠 [음] 충성 충 [뜻] 충성 丶口中忡忠忠忠	忠	忠	忠	忠
則 [음] 곧 즉 [뜻] 곧 丨冂冃目貝則則	則	則	則	則
盡 [음] 다할 진 [뜻] 다하다 フユヨ圭丰書盡	盡	盡	盡	盡
命 [음] 목숨 명 [뜻] 목숨 ノ人𠆢合合命	命	命	命	命

천자문 67

뜻풀이

臨深履薄(임심리박)
깊은 곳에 임하듯 하며 얇은 데를 밟듯이 세심 주의하여야 한다.

臨
음 임할 임 뜻 임하다
丨 臣 臣' 臣^ 臨 臨 臨

深
음 깊을 심 뜻 깊이
氵 氵 氵 氵 氵 深 深

履
음 밟을 리 뜻 밟다
コ 尸 尸 屛 屛 履 履

薄
음 엷을 박 뜻 엷다
一 艹 艹 艹 蒲 薄 薄

뜻풀이

夙興溫凊(숙흥온청)
일찍 일어나서 추우면 덥게, 더우면 서늘케 하는 것이 부모 섬기는 절차이다.

夙	夙	夙	夙	夙

[음] 일찍 숙 [뜻] 일찍
丿几凡夙夙夙

興	興	興	興	興

[음] 일어날 흥 [뜻] 일어나다
丨丨丨刖刖刖興興

溫	溫	溫	溫	溫

[음] 따뜻할 온 [뜻] 따뜻하다
冫冫冫汒泅泅溫溫

凊	凊	凊	凊	凊

[음] 서늘할 청 [뜻] 서늘하다
冫冫冫冫冫冫凊凊凊

뜻풀이

似蘭斯馨(사란사형)
난초길이 꽃다우니 군자의 지조를 비유한 것이다.

似				
음 같을 사 뜻 같다				
ノ イ 亻 似 似 似 似				

蘭				
음 난초 란 뜻 난초				
艹 艹 芢 芦 芦 蘭 蘭				

斯				
음 이 사 뜻 이것				
一 十 甘 甘 其 其 斯 斯				

馨				
음 향기로울 형 뜻 향기롭다				
十 吉 声 殸 殸 磬 馨				

뜻풀이

如松之盛(여송지성)
솔나무같이 푸르러 성함은 군자의 절개를 말한 것이다.

如
음 같을 여 뜻 어찌
く 夕 女 如 如 如

松
음 소나무 송 뜻 솔
一 十 才 木 朴 松 松

之
음 갈 지 뜻 ~의
丶 ⼂ 之

盛
음 성할 성 뜻 성하다
厂 厂 成 成 成 盛 盛

뜻풀이

川流不息(천류불식)
내가 흘러 쉬지 아니하니 군자의 지조를 비유한 것이다.

川 음 내 천 뜻 내 ノ 丿 川	川	川	川	川
流 음 흐를 류 뜻 흐르다 ⺡ ⺡ 汙 汸 泸 流 流	流	流	流	流
不 음 아니 불 뜻 아니다 一 ア 不 不	不	不	不	不
息 음 쉴 식 뜻 숨 ⺈ 丆 自 自 自 息 息	息	息	息	息

뜻풀이

淵澄取暎(연징취영)
못이 맑아서 비치니 즉 군자의 마음을 말한 것이다.

淵				
음 못 연 뜻 못				
氵氵氵氵渊渊淵				
澄				
음 맑을 징 뜻 맑다				
氵氵氵氵澄澄澄				
取				
음 취할 취 뜻 취하다				
一 丆 丅 耳 耳 取 取				
暎				
음 비칠 영 뜻 비치다				
丨 冂 日 旷 昕 暎 暎				

뜻풀이

容止若思(용지약사)
행동을 덤비지 말고 형용과 행지를 조용히 생각하는 침착한 태도를 가져라.

容
- 음 얼굴 용 뜻 얼굴
- 丶宀宀宆突容容

止
- 음 그칠 지 뜻 그치다
- 丨卜止止

若
- 음 같을 약 뜻 같다
- 一十十艹艹若若

思
- 음 생각 사 뜻 생각하다
- 丨冂日田田思思

뜻풀이

言辭安定(언사안정)
태도만 침착할 뿐 아니라 말도 안정케 하며 쓸데없는 말을 삼가라.

言
음 말씀 언 뜌 말
、一二十三言言言

辭
음 말씀 사 뜌 글
丿亠甪禽禽辭辭

安
음 편안할 안 뜌 편안하다
、丷宀宀安安

定
음 정할 정 뜌 정하다
、丷宀宀宁宇定

뜻풀이

篤初誠美(독초성미)
무엇이든지 처음에 성실하고 신중히 하여야 한다.

篤				
음 도타울 독　뜻 독실하다 ｜ ｜ 竹 竹 竹 笃 篤 篤				

初				
음 처음 초　뜻 처음 ｀ ｚ ｆ ｆ ｆ 初 初				

誠				
음 정성 성　뜻 정성 ｉ 言 言 訁 訪 誠 誠				

美				
음 아름다울 미　뜻 아름답다 ｙ ｙ ｙ 羊 羊 美 美				

뜻풀이

慎終宜令(신종의령)
처음뿐만 아니라 끝맺음도 좋아야 한다.

慎				
음 삼갈 신 뜻 삼가하다			
忄 忄 忄 忄 愃 愃 愼			

終				
음 마칠 종 뜻 마침			
幺 纟 糹 糹 終 終 終			

宜				
음 마땅할 의 뜻 마땅하다			
丶 宀 宀 宀 宜 宜 宜			

令				
음 하여금 령 뜻 하여금			
丿 人 𠆢 今 令			

뜻풀이

榮業所基(영업소기)
이상과 같이 잘 지키면 번성하는 기본이 된다.

榮				
음 영화 영 뜻 영화롭다				
丶 丷 ⺍ 火 炏 炏 榮				

業				
음 업 업 뜻 직업				
丷 业 业 丵 뿦 業 業				

所				
음 바 소 뜻 곳				
丶 ㇉ 户 户 所 所 所				

基				
음 터 기 뜻 터				
一 廿 甘 甘 其 基 基				

뜻풀이

籍甚無竟(적심무경)
뿐만 아니라 자신의 명예스러운 이름이 길이 전하여질 것이다.

籍	籍	籍	籍	籍

음 문서 적 뜻 문서

丿 亠 竺 笁 笁 箝 籍

甚	甚	甚	甚	甚

음 심할 심 뜻 심하다

一 廿 甘 甘 其 其 甚

無	無	無	無	無

음 없을 무 뜻 없다

丿 一 亠 無 無 無 無

竟	竟	竟	竟	竟

음 마침내 경 뜻 마침내

亠 立 产 音 音 竟

뜻풀이

學優登仕(학우등사)
배운 것이 넉넉하면 벼슬에 오를 수 있다.

學				
음 배울 학 뜻 배우다	學	學	學	學
ㄱ ㅌ 段 舩 舩 與 學				

優				
음 넉넉할 우 뜻 넉넉하다	優	優	優	優
亻 仃 価 偅 儤 優 優				

登				
음 오를 등 뜻 오르다	登	登	登	登
ㄱ ㄅ ㄅ 癶 癶 癶 登 登				

仕				
음 벼슬 사 뜻 벼슬	仕	仕	仕	仕
丿 亻 亻 仁 什 仕				

뜻풀이

攝職從政(섭직종정)
벼슬을 잡아 정사를 좇으니 국가 정사에 종사하니라.

攝
[음] 잡을 섭 [뜻] 끌어잡다
一 亅 扌 扩 押 揖 攝

職
[음] 벼슬 직 [뜻] 관직
一 耳 耴 聧 職 職 職

從
[음] 좇을 종 [뜻] 따르다
丿 彳 彳 彳 彳 彳 從

政
[음] 정사 정 [뜻] 정사
丁 下 下 正 正 政 政

뜻풀이

存以甘棠(존이감당)
주나라 소공이 남국의 아가위나무 아래에서 백성을 교화하였다.

存
음 있을 존 뜻 있다
一ナ才右存存

以
음 써 이 뜻 ~로써
丨乚以以

甘
음 달 감 뜻 달다
一十廿廿甘

棠
음 아가위 당 뜻 아가위나무
丨⺍⺍ 当 堂 学 棠

뜻풀이

去而益詠(거이익영)
소공이 죽은 후 남국의 백성이 그의 덕을 추모하여 감당시를 읊었다.

去
음 갈 거 뜻 가다
一 十 土 去 去

而
음 말이을 이 뜻 말이음
一 丆 丙 而 而

益
음 더할 익 뜻 이익
八 公 亽 谷 益 益

詠
음 읊을 영 뜻 읊다
亠 亠 言 言 訁 訶 詠

뜻풀이

樂殊貴賤(악수귀천)
풍류는 귀천이 다르니 천자는 팔일 제후는 육일 사대부는 사일 선일은 이일이다.

樂
[음] 풍류 악(즐길 락)　[뜻] 풍류

殊
[음] 다를 수　[뜻] 다르다

貴
[음] 귀할 귀　[뜻] 귀하다

賤
[음] 천할 천　[뜻] 천하다

뜻풀이

禮別尊卑(예별존비)
예도에 존비의 분별이 있으니 군신, 부자, 부부, 장유, 붕우의 차별이 있다.

禮
[음] 예도 예 [뜻] 절
ラ ネ 示 神 裡 禮 禮

別
[음] 다를 별 [뜻] 분별하다
丨 口 口 号 月 別 別

尊
[음] 높을 존 [뜻] 높다
丿 丷 亼 酉 酋 尊

卑
[음] 낮을 비 [뜻] 낮다
丿 冂 白 白 白 鬼 卑

뜻풀이

上和下睦(상화하목)
위에서 사랑하고 아래에서 공경함으로써 화목이 된다.

上	上	上	上	上

음 위 상 뜻 위
丨 卜 上

和	和	和	和	和

음 화할 화 뜻 화목하다
二 千 千 禾 禾 和 和

下	下	下	下	下

음 아래 하 뜻 아래
一 丁 下

睦	睦	睦	睦	睦

음 화목할 목 뜻 화목하다
丨 冂 目 目⁻ 目土 睦 睦

뜻풀이

夫唱婦隨(부창부수)
지아비가 부르면 지어미가 따른다. 즉 원만한 가정을 말한다.

夫 음 지아비 부 뜻 남편 一 二 夫 夫	夫	夫	夫	夫

唱 음 부를 창 뜻 노래 丨 口 吅 吅 吅 唱 唱	唱	唱	唱	唱

婦 음 지어미 부 뜻 아내 く タ 女 女コ 女ヨ 妒 婦	婦	婦	婦	婦

隨 음 따를 수 뜻 따르다 ３ 阝 阝⁻ 阣 隋 隋 隨	隨	隨	隨	隨

뜻풀이

外受傅訓(외수부훈)
팔세면 바깥 스승의 가르침을 받아야 한다.

外				
음 밖 외 뜻 바깥				
ノクタ列外				

受				
음 받을 수 뜻 받다				
一ㄷ㲽㲽㲽受受				

傅				
음 스승 부 뜻 스승				
亻亻亻伊伸傅傅				

訓				
음 가르칠 훈 뜻 가르치다				
亠言言言訓訓訓				

뜻풀이

入奉母儀(입봉모의)
집에 들어서는 어머니를 받들어 종사하라.

入				
음 들 입 뜻 들어옴				
ノ 入				

奉				
음 받들 봉 뜻 받들다				
一 二 三 丰 夫 表 奉				

母				
음 어머니 모 뜻 어머니				
乚 囚 乌 母 母				

儀				
음 거동 의 뜻 거동				
亻 亻' 亻'' 伴 佯 佯 儀				

뜻풀이

諸姑伯叔(제고백숙)
고모, 백부, 숙부 등 집안 내의 친척 등을 말한다.

諸
- 음 모두 제 뜻 모든
- 亠 言 言 訓 訪 諸 諸

姑
- 음 시어미 고 뜻 고모
- ㄑ ㄥ 女 女 如 姑 姑

伯
- 음 맏 백 뜻 맏이
- ノ 亻 亻 伀 伯 伯 伯

叔
- 음 아재비 숙 뜻 아저씨
- 丨 卜 上 亍 未 赤 叔

뜻풀이

猶子比兒(유자비아)
조카들도 자기의 아들과 같이 취급하여야 한다.

猶				
음 같을 유 뜻 같다				
ノ 丿 犭 犭 犭 狞 猶 猶				

子				
음 아들 자 뜻 아들				
一 了 子				

比				
음 견줄 비 뜻 견주다				
一 ヒ 比 比				

兒				
음 아이 아 뜻 아이				
丨 𠂉 臼 臼 臼 臼 兒				

> **뜻풀이**
>
> 孔懷兄弟(공회형제)
> 형제는 서로 사랑하여 의좋게 지내야 한다.

孔				
음 구멍 공 뜻 매우					
ㄱ 了 子 孔					

懷				
음 품을 회 뜻 품다				
ㅡ 忄 忄 忄 忄 懷 懷				

兄				
음 맏 형 뜻 맏이				
丨 口 口 尸 兄				

弟				
음 아우 제 뜻 아우				
丶 丷 斗 斗 肖 弟 弟				

뜻풀이

同氣連枝(동기연지)
형제는 부모의 기운을 같이 받았으니 나무의 가지와 같다.

同	同	同	同	同
[음] 한 가지 동 [뜻] 한 가지 ｜冂冂同同同				

氣	氣	氣	氣	氣
[음] 기운 기 [뜻] 기운 ｒ乞气気気氣氣				

連	連	連	連	連
[음] 이을 연 [뜻] 연하다 一冂百亘車車連				

枝	枝	枝	枝	枝
[음] 가지 지 [뜻] 가지 一十才木朳枝枝				

뜻풀이

交友投分(교우투분)
벗을 사귈 때에는 서로가 분에 맞는 사람끼리 사귀어야 한다.

交
[음] 사귈 교 [뜻] 사귀다
丶 一 亠 六 交 交

友
[음] 벗 우 [뜻] 벗
一 ナ 方 友

投
[음] 던질 투 [뜻] 던지다
一 十 扌 扌 护 投 投

分
[음] 나눌 분 [뜻] 나누다
丿 八 分 分

뜻풀이

切磨箴規(절마잠규)
열심히 닦고 배워서 사람으로서의 도리를 지켜야 한다.

切
음 끊을 절 뜻 끊다
一 七 七刀 切

磨
음 갈 마 뜻 갈다
广 庐 麻 麻 麼 磨 磨

箴
음 경계할 잠 뜻 경계하다
丿 𠂉 竹 竺 竻 箴 箴

規
음 법 규 뜻 법
二 夫 圭 刲 䂆 規 規

뜻풀이

仁慈隱惻(인자은측)
어진 마음으로 남을 사랑하고 또는 이를 측은히 여겨야 한다.

仁				
음 어질 인 뜻 어질다	仁	仁	仁	仁
ノ イ 亻 仁				

慈				
음 사랑 자 뜻 사랑	慈	慈	慈	慈
⺍ 产 兹 兹 兹 慈 慈				

隱				
음 숨을 은 뜻 숨다	隱	隱	隱	隱
阝 阝 阝 阝 陘 隱 隱				

惻				
음 불쌍히 여길 측 뜻 불쌍히 여김	惻	惻	惻	惻
忄 忄 忄 忄 惻 惻 惻				

뜻풀이

造次弗離(조차불리)
남을 위한 동정심을 잠시라도 잊지 말고 항상 가져야 한다.

造
음 지을 조 뜻 만들다
ㄥ 丄 爿 告 告 告 造

次
음 버금 차 뜻 버금
ㆍ ㆍ ㆍ 冫 次 次

弗
음 떨 불 뜻 아니다
ㄱ ㄱ 弓 弔 弗

離
음 떠날 리 뜻 떠나다
ㅡ 卤 离 离 离 離 離

뜻풀이

節義廉退(절의염퇴)
청렴과 절개와 의리와 사양함과 물러감은 늘 지켜야 한다.

節
- 음: 절개 마디 절
- 뜻: 절개
- ㅅ 𥫗 笁 筥 筥 節 節

義
- 음: 옳을 의
- 뜻: 정의
- 丷 䒑 羊 莑 莑 義

廉
- 음: 청렴할 렴
- 뜻: 청렴하다
- 亠 广 产 庐 庐 庴 廉 廉

退
- 음: 물러갈 퇴
- 뜻: 물러나다
- フ ㄱ 日 艮 艮 艮 退

뜻풀이

顚沛匪虧(전패비휴)
엎드러지고 자빠져도 이지러지지 않으니 용기를 잃지 말라.

顚				
음 엎드러질 전 뜻 넘어지다				
′ ヒ 旨 直 眞 眞 顚				

沛				
음 자빠질 패 뜻 자빠지다				
′ ′ 氵 氵 沪 沛 沛				

匪				
음 아닐 비 뜻 아니다				
一 丆 圭 非 非 匪 匪				

虧				
음 이지러질 휴 뜻 이지러지다				
⺊ 广 虍 虎 虐 虧 虧				

뜻풀이

性靜情逸(성정정일)
성품이 고요하며 뜻이 편안하니 고요함은 천성이요 동작함은 인정이다.

| 性 | 性 | 性 | 性 | 性 |

음 성품 성   뜻 성질
丶 十 忄 忄 忄 性 性

| 靜 | 靜 | 靜 | 靜 | 靜 |

음 고요할 정   뜻 고요하다
一 主 青 青 靑 靜 靜

| 情 | 情 | 情 | 情 | 情 |

음 뜻 정   뜻 뜻
丶 十 忄 忄 忄 情 情

| 逸 | 逸 | 逸 | 逸 | 逸 |

음 편안할 일   뜻 편안하다
丿 ⺈ 宀 宀 兔 兔 逸

뜻풀이

心動神疲(심동신피)
마음이 움직이면 신기가 피곤하니 마음이 불안하면 신기가 불편하다.

心
- 음: 마음 심
- 뜻: 마음
- 丶 心 心 心

動
- 음: 움직일 동
- 뜻: 움직이다
- 一 ᅮ 台 盲 重 動 動

神
- 음: 정신, 귀신 신
- 뜻: 정신
- 礻 礻 初 初 袒 神

疲
- 음: 피곤할 피
- 뜻: 피곤하다
- 广 疒 疒 疒 疒 疲 疲

뜻풀이

守眞志滿(수진지만)
사람의 도리를 지키면 뜻이 가득 차고, 군자의 도를 지키면 뜻이 편안하다.

守
[음] 지킬 수 [뜻] 지키다
丶宀宀宇守

眞
[음] 참 진 [뜻] 참
一匕爿ケ卢直眞眞

志
[음] 뜻 지 [뜻] 뜻
一十士士志志志

滿
[음] 가득할 만 [뜻] 가득하다
氵汁汫浩满滿滿

뜻풀이

逐物意移(축물의이)
마음이 불안함은 욕심이 있어서 그렇다. 너무 욕심내면 마음도 변한다.

逐				
음 쫓을 축 뜻 쫓다 ㄱ ㄱ ㄱ ㄱ ㄱ ㄱ 豕 逐				

物				
음 만물 물 뜻 만물 ㄴ ㄴ ㅓ ㅓ 牜 物 物				

意				
음 뜻 의 뜻 뜻 ㅡ ㅗ 立 产 产 音 意				

移				
음 옮길 이 뜻 옮기다 ㅡ 千 禾 禾 秒 秒 移				

뜻풀이

堅持雅操(견지아조)
맑은 절조를 굳게 가지고 있으면 나의 도리를 극진히 하는 것임이라.

堅
음 굳을 견 뜻 굳다
一 丁 丌 臣 臤 堅 堅

持
음 가질 지 뜻 가지다
一 十 扌 扌 扗 持 持

雅
음 맑을 아 뜻 맑다
一 匚 牙 牙 邪 邪 雅

操
음 지조 조 뜻 지조
一 十 扌 扌 护 搒 操

뜻풀이

好爵自縻(호작자미)
스스로 벼슬을 얻게 되니 작위를 극진하면 인작이 스스로 이르게 된다.

好				
음 좋을 호 뜻 좋다				

爵				
음 벼슬 작 뜻 벼슬				

自				
음 스스로 자 뜻 스스로				

縻				
음 고삐 미 뜻 얽매이다				

뜻풀이

都邑華夏(도읍화하)
도읍은 왕성의 지위를 말한 것이고 화하는 당시 중국을 지칭하던 말이다.

都
음 도읍 도 뜻 도읍
一 十 土 耂 耂 者 都 都

邑
음 고을 읍 뜻 고을
丶 口 口 吕 吕 吕 邑

華
음 빛날 화 뜻 빛나다
一 十 艹 芒 苎 芒 苹 華

夏
음 여름 하 뜻 여름
一 丆 丅 百 頁 夏 夏

뜻풀이

東西二京(동서이경)
동과 서에 두 서울이 있으니 동경은 낙양이고 서경은 장안이다.

東
음 동녘 동　뜻 동쪽
一 丆 冂 冃 甫 東 東

西
음 서녘 서　뜻 서쪽
一 丆 冂 丙 西 西

二
음 두 이　뜻 둘
一 二

京
음 서울 경　뜻 서울
丶 一 亠 亣 古 亨 京

천자문 107

뜻풀이

背邙面洛(배망면락)
동경은 북에 북망산이 있고 낙양은 남에 낙천이 있다.

背
음 등배 뜻 등
丨 丨 캬 캬 北 背 背

邙
음 북망산 망 뜻 산 이름
丶 一 亠 亡 亡 邙

面
음 얼굴 면 뜻 향하다
一 丆 丙 而 而 面 面

洛
음 물 이름 락 뜻 물의 이름
氵 氵 沙 汐 洛 洛 洛

뜻풀이

浮渭據涇(부위거경)
위수에 뜨고 경수를 눌렀으니 장안은 서북에 위수, 경수, 두 물이 있다.

浮				
음 뜰 부 뜻 뜨다 `丶丶氵氵浮浮浮`				

渭				
음 물 이름 위 뜻 물 이름 `丶氵氵沪沪渭渭`				

據				
음 의지할 거 뜻 의지하다 `扌扌扩扩扩据據據`				

涇				
음 물 이름(통할) 경 뜻 물 이름 `丶氵氵沪涇涇涇`				

뜻풀이

宮殿盤鬱(궁전반울)
궁전은 울창한 나무 사이에 가린 듯 세워져 있다.

| 宮 | 宮 | 宮 | 宮 | 宮 |

[음] 궁궐 궁 [뜻] 궁궐
丶 宀 宀 宮 宮 宮 宮

| 殿 | 殿 | 殿 | 殿 | 殿 |

[음] 대궐 전 [뜻] 대궐
⼘ 尸 尸 屈 展 殿 殿

| 盤 | 盤 | 盤 | 盤 | 盤 |

[음] 쟁반 반 [뜻] 받침
乃 凡 舟 舢 般 盤 盤

| 鬱 | 鬱 | 鬱 | 鬱 | 鬱 |

[음] 울창할 울 [뜻] 울창하다
木 梅 林 鬱 鬱 鬱 鬱

뜻풀이

樓觀飛驚(누관비경)
궁전 가운데 있는 물견대는 높아서 올라가면 나는 듯하여 놀란다.

樓	樓	樓	樓	樓
음 다락 루 뜻 다락				
一 十 木 村 杪 枏 椇 樓 樓				

觀	觀	觀	觀	觀
음 볼 관 뜻 보다				
艹 苗 莳 萑 雚 觀 觀				

飛	飛	飛	飛	飛
음 날 비 뜻 날다				
乀 飞 飞 飞 飛 飛 飛				

驚	驚	驚	驚	驚
음 놀랄 경 뜻 놀라다				
艹 茍 苟 敬 敬 驚 驚				

뜻풀이

圖寫禽獸(도사금수)
궁전 내부에는 유명한 화가들이 그린 그림 조각 등으로 장식되어 있다.

圖 음 그림 도 뜻 그림	圖	圖	圖	圖
寫 음 베낄 사 뜻 베끼다	寫	寫	寫	寫
禽 음 새 금 뜻 새	禽	禽	禽	禽
獸 음 짐승 수 뜻 짐승	獸	獸	獸	獸

뜻풀이

畫彩仙靈(화채선령)
신선과 신령의 그림도 화려하게 채색되어 있다.

畫
음 그림 화 뜻 그림
ㄱ ㄲ ㅋ 畵 書 畵 畫

彩
음 채색 채 뜻 채색
ㄱ ㅛ ㅛ 乎 采 彩 彩

仙
음 신선 선 뜻 신선
ノ 亻 仆 仙 仙

靈
음 신령 령 뜻 신령
亠 雨 雷 霻 雫 霻 靈

뜻풀이

丙舍傍啓(병사방계)
병사 곁에 통로를 열어 궁전 내를 출입하는 사람들의 편리를 도모하였다.

丙	丙	丙	丙	丙
음 남녘 병 뜻 남녘				
一 丆 丙 丙 丙				
舍	舍	舍	舍	舍
음 집 사 뜻 집				
ノ 人 ㅅ 今 全 舍 舍				
傍	傍	傍	傍	傍
음 곁 방 뜻 곁				
亻 广 伫 伫 倍 傍 傍				
啓	啓	啓	啓	啓
음 열 계 뜻 열다				
㇈ 戶 产 所 改 啓 啓				

뜻풀이

甲帳對楹(갑장대영)
아름다운 갑장이 기둥을 대하였으니 동방삭이 갑장을 지어 임금이 잠시 정지하는 곳이다.

甲
음 갑옷 갑 뜻 갑옷
丨冂冃日甲

帳
음 장막 장 뜻 휘장
冂巾巾⺀巾⺀巾⺀帳帳

對
음 대할 대 뜻 마주하다
⺀业业¥¥對對

楹
음 기둥 영 뜻 기둥
一十才机杤楹楹

뜻풀이

肆筵設席(사연설석)
자리를 배풀고 돗자리를 베푸니 연회하는 좌석이다.

肆				
음 방자할 사 뜻 늘어놓다				
ㅣ 丅 丰 訢 訢 肆				

筵				
음 대자리 연 뜻 대자리				
′ ⺊ ⺮ 竺 竺 筵 筵				

設				
음 베풀 설 뜻 베풀다				
ㅗ 言 言 訁 訊 設				

席				
음 자리 석 뜻 자리				
ㅗ 广 广 庐 庐 庐 席				

뜻풀이

鼓瑟吹笙(고슬취생)
비파를 치고 저를 부니 잔치하는 풍류이다.

鼓				
음 북 고 뜻 북치다	鼓	鼓	鼓	鼓
士 吉 壴 壴 壴 壴 鼓 鼓				

瑟				
음 비파 슬 뜻 비파	瑟	瑟	瑟	瑟
一 丁 王 玨 玨 琴 瑟 瑟				

吹				
음 불 취 뜻 불다	吹	吹	吹	吹
丨 口 口 叭 吹 吹 吹				

笙				
음 생황 생 뜻 생황	笙	笙	笙	笙
丿 𠂉 ⺮ 竹 竺 笙 笙				

뜻풀이

陞階納陛(승계 납폐)
문무백관이 계단을 올라 임금께 납폐하는 절차이다.

陞
음 오를 승   뜻 오르다
｀ ３ ３ Ｂ Ｂ- 阡 阺 陞

階
음 층계 계   뜻 층계
３ Ｂ Ｂ- 阡 阺 階 階

納
음 들일 납   뜻 들이다
纟 纟 糸 糸 紀 納 納

陛
음 섬돌 폐   뜻 섬돌
３ Ｂ Ｂ- 阡 阺 陛 陛

뜻풀이

弁轉疑星(변전의성)
많은 사람들의 관에서 번쩍이는 구슬이 별안간 의심할 정도이다.

弁
음 고깔 변 뜻 고깔
ノ ム 亠 弁 弁

轉
음 구를 전 뜻 구르다
亓 亘 車 軒 軒 轉 轉

疑
음 의심할 의 뜻 의심하다
ノ ヒ ヒ 旲 吴 矣 疑 疑

星
음 별 성 뜻 별
ノ 冂 日 旦 早 星 星

뜻풀이

右通廣內(우통광내)
오른편에 광내가 통하니 광내는 나라 비서를 두는 집이다.

右				
음 오른쪽 우 뜻 오른쪽				
ノ ナ ナ 右 右				

通				
음 통할 통 뜻 통하다				
⼀ 乃 甬 甬 甬 通				

廣				
음 넓을 광 뜻 넓다				
亠 广 广 庐 庐 庿 廣				

內				
음 안 내 뜻 안				
丨 冂 内 内				

뜻풀이

左達承明(좌달승명)
왼편에 승명이 사무치니 승명은 사기를 교열하는 집이다.

左
[음] 왼쪽 좌 [뜻] 왼쪽
一ナ左左

達
[음] 이를 달 [뜻] 통달하다
一土去幸幸達

承
[음] 이을 승 [뜻] 잇다
一了了手承承承

明
[음] 밝을 명 [뜻] 밝다
１冂日日明明明

뜻풀이

旣集墳典(기집분전)
이미 분과 전을 모았으니 삼황의 글은 삼분이요 오제의 글은 오전이다.

旣
[음] 이미 기 [뜻] 이미
丿 白 白 皀 皀 皀 旣

集
[음] 모을 집 [뜻] 모으다
丿 亻 亻 亻 隹 隹 集

墳
[음] 무덤 분 [뜻] 무덤
一 十 土 圩 圹 境 墳 墳

典
[음] 법 전 [뜻] 법
丨 冂 曰 曲 曲 典 典

뜻풀이

亦聚群英(역취군영)
또한 여러 영웅을 모으니 분전을 강론하여 치국하는 도를 밝힘이라.

亦				
음 또 역 뜻 또				
ˋ 一 亠 ナ 亣 亦				

聚				
음 모을 취 뜻 모으다				
一 丆 下 耳 取 取 聚 聚				

群				
음 무리 군 뜻 무리				
丁 彐 尹 君 君' 群 群				

英				
음 꽃부리 영 뜻 꽃부리				
一 十 艹 苎 苂 英 英				

뜻풀이

杜槁鐘隸(두고종례)
초서를 처음으로 쓴 두고와 예서를 쓴 종례의 글로 비치되었다.

杜	杜	杜	杜	杜
음 막을 두 뜻 막다				
一 十 才 木 木 朴 杜				

槁	槁	槁	槁	槁
음 마를 고 뜻 원고				
一 亠 亠 高 高 高 槁 槁				

鐘	鐘	鐘	鐘	鐘
음 쇠북 종 뜻 쇠북				
丿 𠂉 金 鈩 鋘 鐘 鐘				

隸	隸	隸	隸	隸
음 종례 뜻 종				
一 十 圥 未 柰 隶 隸				

뜻풀이

漆書壁經(칠서벽경)
한나라 영제가 돌벽에서 발견한 서골과 공자가 발견한 육경도 비치되어 있다.

漆
음 옻칠할 칠 뜻 옻칠하다
氵 氵 氵 㳇 浓 漆 漆 漆

書
음 글 서 뜻 글
フ ⇒ ⇒ 聿 書 書 書

壁
음 벽 벽 뜻 벽
フ 尸 㠯 辟 辟 辟 壁

經
음 경서 경 뜻 경서
ㄥ ㄠ 糸 糹 經 經 經

천자문 125

뜻풀이

府羅將相(부라장상)
마을 좌우에 장수와 정승이 벌려 있다.

府
[음] 마을 부 [뜻] 마을
丶 亠 广 疒 庁 府 府

羅
[음] 벌일 라 [뜻] 벌이다
冖 四 罒 罗 罘 罪 羅

將
[음] 장수 장 [뜻] 장수
丨 丬 爿 爿 扩 將 將

相
[음] 서로 상 [뜻] 서로
一 十 木 朼 机 相 相

뜻풀이

路俠槐卿(노협괴경)
길에 고위 고관인 삼공구경의 마차가 열지어 궁전으로 들어가는 모습이다.

路
음 길 로 뜻 길
ㅁ ㅁ ㅁ 足 趵 跤 路

俠
음 의기로울 협 뜻 끼다
亻 亻 彳 夵 侉 俠 俠

槐
음 느티나무 괴 뜻 회화나무
一 十 木 木 枦 枦 槐 槐

卿
음 벼슬 경 뜻 벼슬
⺈ 乡 乡 卯 卿 卿 卿

뜻풀이

戶封八縣(호봉팔현)
한나라가 천하를 통일하고 여덟 고을 민호를 주어 공신을 봉하였다.

戶				
음 집 호 뜻 집				
丶 丶 ⼾ 户				

封				
음 봉할 봉 뜻 봉하다				
一 十 士 圭 圭 圭 封 封				

八				
음 여덟 팔 뜻 여덟				
丿 八				

縣				
음 고을 현 뜻 고을				
丨 目 県 県 縣 縣 縣				

뜻풀이

家給千兵(가급천병)
제후 나라에 일천 군사를 주어 그의 집을 호위시켰다.

家
음 집 가 뜻 집
丶宀宀宇宇家家家

給
음 줄 급 뜻 주다
幺 糸 糸 糸 給 給 給

千
음 일천 천 뜻 일천
丿 二 千

兵
음 군사 병 뜻 군사
丿 ㄏ ㄒ 斤 丘 兵 兵

뜻풀이

高冠陪輦(고관배련)
높은 관을 쓰고 연을 모시니 제후의 예로 대접했다.

高
음 높을 고 뜻 높다
一 亠 亠 吉 高 高 高

冠
음 갓 관 뜻 갓
冖 冖 冖 冠 冠 冠 冠

陪
음 모실 배 뜻 돕다
阝 阝 阝 阝 陪 陪 陪

輦
음 손수레 련 뜻 임금이 타는 수레
二 夫 扶 扶 替 替 輦

뜻풀이

驅轂振纓(구곡진영)
수레를 몰며 갓끈이 떨치니 임금출행에 제후의 위엄이 있다.

驅				
음 몰 구 뜻 몰다				
ㅣ Ｆ Ｆ 馬 馬 馬 駆 驅				

轂				
음 바퀴통 곡 뜻 수레				
士 声 壹 壴 轂 轂 轂				

振				
음 떨칠 진 뜻 떨치다				
一 扌 扩 扩 扩 振 振				

纓				
음 갓끈 영 뜻 갓끈				
幺 糸 糹 組 纓 纓 纓				

뜻풀이

世祿侈富(세록치부)
대대로 녹이 사치하고 부하니 제후 자손이 세세 관록이 무성하여라.

世	世	世	世	世
음 인간 세　뜻 대, 세대				
一 十 卄 丗 世				
祿	祿	祿	祿	祿
음 녹봉 록　뜻 급료				
㇀ ネ ネ' ネ' 祁 袝 祿				
侈	侈	侈	侈	侈
음 사치할 치　뜻 사치하다				
亻 亻 侈 侈 侈 侈 侈				
富	富	富	富	富
음 부자 부　뜻 부자				
宀 宀 宁 宣 冨 富 富				

뜻풀이

車駕肥輕(거가비경)
수레의 말은 살찌고 몸의 의복은 가볍게 차려져 있다.

車
음 수레 거 뜻 수레
一 ㄧ ㄏ 曰 百 亘 車

駕
음 멍에 가 뜻 가마
フ カ 加 加 智 駕 駕

肥
음 살찔 비 뜻 살찌다
丿 刀 月 刖 朋 肥 肥

輕
음 가벼울 경 뜻 가볍다
一 ㄏ 亘 車 車 輊 輕

뜻풀이

策功茂實(책공무실)
공을 꾀함에 무성하고 충실하여라.

策	策	策	策	策
음 꾀 책　뜻 꾀				
ノ ㅅ 竹 竹 竺 筜 策				

功	功	功	功	功
음 공 공　뜻 공				
一 丁 工 功 功				

茂	茂	茂	茂	茂
음 성할 무　뜻 무성하다				
一 十 艹 芢 芢 茂 茂				

實	實	實	實	實
음 충실할(열매) 실　뜻 열매				
宀 宀 宀 安 窉 實 實				

뜻풀이

勒碑刻銘(늑비각명)
비를 세워 이름을 새겨서 그 공을 찬양하며 후세에 전하였다.

勒				
음 새길 륵 뜻 새기다				
一 十 廾 芇 苩 勒 勒				

碑				
음 비석 비 뜻 비석				
丆 石 矿 砶 砷 碑 碑				

刻				
음 새길 각 뜻 새기다				
亠 亠 亥 亥 亥 刻 刻				

銘				
음 기록할 명 뜻 기록하다				
丿 乍 金 釒 鈊 銘 銘				

뜻풀이

磻溪伊尹(반계이윤)
문왕은 반계에서 강태공을 맞고 은왕은 신야에서 이윤을 맞이하였다.

磻				
음 반계 반 뜻 강의 이름				
ノ 石 石 石´ 石´´ 砂 磻				

溪				
음 시내 계 뜻 시내				
丶 氵 汙 汙 浐 湶 溪				

伊				
음 저 이 뜻 저				
ノ 亻 亻´ 伊 伊 伊				

尹				
음 다스릴 윤 뜻 다스리다				
ㄱ ㄱ ㅋ 尹				

뜻풀이

佐時阿衡(좌시아형)
때를 돕는 아형이니 아형은 상나라 재상의 칭호이다.

佐
음 도울 좌 뜻 돕다
ノ 亻 亻 仁 佐 佐 佐

時
음 때 시 뜻 때
丨 日 旷 旷 旹 時 時

阿
음 언덕 아 뜻 언덕
⻖ 阝 阝 阿 阿 阿 阿

衡
음 저울대 형 뜻 저울
彳 彳 彳 衎 衙 衡 衡

천자문 137

뜻풀이

奄宅曲阜 (엄택곡부)
주공이 큰 공이 있는 고로 노국을 봉한 후 곡부에다 궁전을 세웠다.

奄				
음 문득 엄 뜻 문득				
一大产存奄				

宅				
음 집 택 뜻 집				
丶 宀 宀 宅 宅				

曲				
음 굽을 곡 뜻 굽다				
一 冂 日 由 曲 曲				

阜				
음 언덕 부 뜻 언덕				
丿 𠂆 户 𠂤 自 𠂤 阜				

뜻풀이

微旦孰營(미단숙영)
주공의 단이 아니면 어찌 큰 궁전을 세웠으리오.

微
음 작을 미 뜻 아니다
彳 彳 彳 徉 徉 徨 微 微

旦
음 아침 단 뜻 아침
丨 冂 日 日 旦

孰
음 누구 숙 뜻 누구
亠 古 亨 享 享 孰 孰

營
음 경영할 영 뜻 경영하다
丶 丷 火 炏 炏 營 營

천자문 139

뜻풀이

桓公匡合(환공광합)
한나라 환공을 바르게 하고 모두였으니 초를 물리치고 난을 바로잡았다.

桓 [음] 굳셀 환 [뜻] 굳세다
一 十 才 朾 柏 桓 桓

公 [음] 귀인 공 [뜻] 벼슬
丿 八 公 公

匡 [음] 바를 광 [뜻] 바르다
一 二 三 干 王 匡

合 [음] 모일 합 [뜻] 합하다
丿 人 人 今 合 合

뜻풀이

濟弱扶傾(제약부경)
약한 나라를 구제하고 기울어지는 제신을 도와서 붙들어 주었다.

濟
음 건널 제 뜻 건너다

弱
음 약할 약 뜻 약하다

扶
음 붙들 부 뜻 돕다

傾
음 기울 경 뜻 기울어지다

뜻풀이

綺回漢惠(기회한혜)
한나라 네 현인의 한 사람인 기가 한나라 혜제를 회복시켰다.

綺
[음] 비단 기 [뜻] 비단
幺 糸 糸 紗 紗 結 綺

回
[음] 돌아올 회 [뜻] 돌아오다
丨 冂 冂 回 回 回

漢
[음] 한수 한 [뜻] 한나라
氵 汁 汁 浐 滢 漢 漢

惠
[음] 은혜 혜 [뜻] 은혜
一 亓 百 車 車 惠 惠

뜻풀이

說感武丁(열감무정)
부열이 들에서 역사하매 무정의 꿈에 감동되어 곧 정승에 되었다.

說
[음] 기뻐할 열(말씀 설) [뜻] 말씀
⺀ 亠 言 訁 診 訩 說

感
[음] 감동할 감 [뜻] 느끼다
丿 厂 后 咸 咸 咸 感

武
[음] 굳셀 무 [뜻] 용감하다
一 二 于 于 正 武 武

丁
[음] 장정 정 [뜻] 장정
一 丁

뜻풀이

俊乂密勿(준예밀물)
준걸과 재사가 조정에 모여 빽빽하더라.

俊	俊	俊	俊	俊
음 준걸 준 뜻 뛰어나다				
亻 亻 亻 亻 佟 俊 俊				

乂	乂	乂	乂	乂
음 어질 예 뜻 어질다				
丿 乂				

密	密	密	密	密
음 빽빽할 밀 뜻 빽빽하다				
丶 宀 宓 宓 宓 密 密				

勿	勿	勿	勿	勿
음 말 물 뜻 없다				
丿 勹 勹 勿				

뜻풀이

多士寔寧(다사식녕)
준걸과 재사가 조정에 많으니 국가가 태평함이라.

多
- 음 많을 다 뜻 많다
- ノ ク タ 多 多 多

士
- 음 선비 사 뜻 선비
- 一 十 士

寔
- 음 참 식 뜻 진실로
- 宀 宜 宣 宣 寔 寔 寔

寧
- 음 편안할 녕 뜻 편안하다
- 丶 宀 宀 宙 宰 寍 寍 寧

뜻풀이

晉楚更霸(진초갱패)
진과 초가 다시 으뜸이 되니 진문공 초장왕이 패왕이 되니라.

晉
음 진나라 진 뜻 진나라

楚
음 초나라 초 뜻 초나라

更
음 다시 갱 뜻 다시

霸
음 으뜸 패 뜻 으뜸

뜻풀이

趙魏困橫(조위곤횡)
조와 위는 횡에 곤하니 육군 때에 진나라를 섬기자 함을 횡이라 하니라.

趙				
음 조나라 조 뜻 조나라				
一 十 扌 走 走 赴 趙 趙				

魏				
음 위나라 위 뜻 위나라				
二 禾 委 委 魏 魏 魏				

困				
음 곤할 곤 뜻 곤하다				
丨 冂 冂 用 困 困 困				

橫				
음 가로 횡 뜻 가로				
一 十 木 杧 榵 橫 橫				

뜻풀이

假途滅虢(가도멸괵)
길을 빌려 괵국을 멸하니 진헌공이 우국길을 빌려 괵국을 멸하였다.

假				
음 거짓 가 뜻 거짓 ノイイ伊伊作作假	假	假	假	假

途				
음 길 도 뜻 길 ハムム今余余途	途	途	途	途

滅				
음 멸할 멸 뜻 멸망하다 氵氵沪沪派減滅	滅	滅	滅	滅

虢				
음 나라 이름 괵 뜻 괵나라 ⺤⺤孚孚虎虢虢	虢	虢	虢	虢

뜻풀이

踐土會盟(천토회맹)
진문공이 제후를 천토에 모아 맹세하고 협천자영 제후하니라.

践
음 밟을 천 뜻 밟다
口 ㅁ 足 足 趺 践 践

土
음 흙 토 뜻 흙
一 十 土

會
음 모을 회 뜻 모으다
人 人 今 今 侖 會 會

盟
음 맹세 맹 뜻 맹세
丨 日 明 明 明 盟 盟

뜻풀이

何遵約法(하준약법)
소하는 한고조로 더불어 약법삼장을 정하여 준행하리라.

何
음 어찌 하 뜻 어찌
丿 亻 亻 仃 仃 何 何

遵
음 좇을 준 뜻 지키다
䒑 酋 酋 酋 尊 遵

約
음 맺을 약 뜻 약속하다
幺 幺 糸 糸 糽 約 約

法
음 법 법 뜻 법
丶 氵 氵 汁 泫 法 法

> **뜻풀이**
>
> 韓弊煩刑(한폐번형)
> 한비는 진왕을 달래 형벌을 펴다가 그 형벌에 죽었다.

韓
- 음 나라 한 뜻 나라
- 一 十 古 直 卓 幹 韓

弊
- 음 폐단 폐 뜻 폐단
- 丶 冇 市 휴 㡀 敝 弊

煩
- 음 번거로울 번 뜻 번거롭다
- 丶 火 火 炉 炉 煩 煩

刑
- 음 형벌 형 뜻 형벌
- 一 二 于 开 刑 刑

뜻풀이

起翦頗牧(기전파목)
백기와 왕전은 진나라 장수요 염파와 이목은 조나라 장수였다.

起 음 일어날 기 뜻 일어나다 一 十 キ 走 起 起 起	起 起 起 起
翦 음 가위 전 뜻 가위 丷 䒑 广 肯 前 前 翦	翦 翦 翦 翦
頗 음 치우칠 파 뜻 치우치다 丿 厂 皮 皮 皮 皷 頗 頗	頗 頗 頗 頗
牧 음 기를 목 뜻 기르다 丿 扌 牛 牜 牜 牧 牧	牧 牧 牧 牧

뜻풀이

用軍最精(용군최정)
군사 쓰기를 가장 정결히 하였다.

用
음 쓸 용 뜻 쓰다
ノ 几 凡 月 用

軍
음 군사 군 뜻 군사
冖 冖 宀 冒 冒 軍 軍

最
음 가장 최 뜻 가장
丨 日 旦 曰 冒 最 最

精
음 정기 정 뜻 정신
丷 ゛ 米 米 粗 精 精

> **뜻풀이**
>
> 宣威沙漠(선위사막)
> 장수로서 그 위엄은 멀리 사막에까지 퍼졌다.

宣	宣	宣	宣	宣
음 베풀 선 뜻 베풀다 ㆍ宀宀宀宫宣宣				
威	威	威	威	威
음 위엄 위 뜻 위엄 ノ厂厂反反威威				
沙	沙	沙	沙	沙
음 모래 사 뜻 모래 ㆍㆍㆍ氵汀汃沙沙				
漠	漠	漠	漠	漠
음 사막 막 뜻 사막 氵氵汁汁漠漠漠				

뜻풀이

馳譽丹靑(치예단청)
그 이름은 생전뿐 아니라 죽은 후에도 전하기 위하여 초상을 그린 각에 그렸다.

馳
음 달릴 치 뜻 달리다
丨 F 馬 馬 馴 馳 馳

譽
음 기릴 예 뜻 기리다
ㄏ ㅏ F 臼 胆 與 與 譽

丹
음 붉을 단 뜻 붉다
丿 几 月 丹

靑
음 푸를 청 뜻 푸르다
一 ニ 主 主 靑 靑

뜻풀이

九州禹跡(구주우적)
하우씨가 구주를 분별하니 기, 연, 청, 서, 양, 옹, 구주이다.

九
음 아홉 구 뜻 아홉
ノ 九

州
음 고을 주 뜻 고을
丶 丿 丬 州 州 州

禹
음 성씨 우 뜻 임금
一 亠 宀 宀 乕 禹 禹

跡
음 발자취 적 뜻 발자취
丶 口 卫 趴 趴 跡 跡

뜻풀이

百郡秦幷(백군진병)
진시황이 천하봉군하는 법을 폐하고 일백군을 두었다.

百
음 일백 백 뜻 일백
一 丆 厂 厂 百 百

郡
음 고을 군 뜻 고을
ㄱ ㅋ 尹 尹 君 君阝郡

秦
음 진나라 진 뜻 진나라
三 丰 夫 㚔 秦 秦 秦

幷
음 아우를 병 뜻 합하다
丶 丷 㐄 㐄 㐄 㐄 幷

뜻풀이

嶽宗恒岱(악종항대)
오악은 동태산, 서화산, 남형산, 북항산, 중숭산이니 항산과 태산이 조종이라.

嶽				
음 큰산악 뜻 큰산	嶽	嶽	嶽	嶽
ﾞ 屮 山 屮 岁 崉 嶽				

宗				
음 마루종 뜻 으뜸	宗	宗	宗	宗
ﾞ 宀 宀 宇 宗 宗				

恒				
음 항상항 뜻 항상	恒	恒	恒	恒
ﾞ 忄 忄 忄 恒 恒 恒				

岱				
음 산이름대 뜻 크다	岱	岱	岱	岱
亻 亻 代 代 代 岱 岱				

뜻풀이

禪主云亭(선주운정)
운과 정은 천자를 봉선하고 제사하는 곳이니 운정은 태산에 있다.

禪				
음 선선 뜻 봉선				
㇀ ㇀ ㇀ ㇀ ㇀ ㇀ 禪				

主				
음 주인 주 뜻 주인				
丶 ㇀ ㇀ 宀 主				

云				
음 이를 운 뜻 이르다				
一 二 テ 云				

亭				
음 정자 정 뜻 정자				
一 ㇀ 亠 古 宁 高 亭				

뜻풀이

鴈門紫塞(안문자색)
안문은 봄 기러기 북으로 가는 고로 안문이고 흙이 붉은 고로 자색이라 하였다.

鴈
[음] 기러기 안 [뜻] 기러기
一 厂 斤 厈 厣 鴈 鴈

門
[음] 문 문 [뜻] 문
丨 冂 冂 冃 門 門 門

紫
[음] 자줏빛 자 [뜻] 자줏빛
丨 卜 止 止 此 紫 紫

塞
[음] 막힐 색 [뜻] 막다
宀 宀 宐 寒 寒 寒 塞

뜻풀이

鷄田赤城(계전적성)
계전은 옹주에 있는 고을이고 적성은 기주에 있는 고을이다.

鷄				

음 닭 계 뜻 닭
⺈ 夊 豯 𪆴 鷄 鷄

田				

음 밭 전 뜻 밭
丨 冂 日 田 田

赤				

음 붉을 적 뜻 붉다
一 十 土 亠 亦 赤 赤

城				

음 재 성 뜻 성
一 土 圠 圻 城 城 城

뜻풀이

昆池碣石(곤지갈석)
곤지는 운남 곤명현에 있고 갈석은 부평현에 있다.

昆				
음 맏곤 뜻 맏				
ノ 口 日 旦 昆 昆				

池				
음 못지 뜻 못				
丶 丶 氵 汀 沌 池				

碣				
음 비석갈 뜻 비석				
一 丁 石 矼 碣 碣 碣				

石				
음 돌석 뜻 돌				
一 丁 工 石 石				

뜻풀이

鉅野洞庭(거야동정)
거야는 태산 동편에 있는 광야, 동정은 호남성에 있는 중국 제일의 호수이다.

鉅 음 클 거 뜻 크다 ノ 厶 亇 宇 金 釕 鉅 鉅	鉅	鉅	鉅	鉅
野 음 들 야 뜻 들 口 日 里 野 野 野 野	野	野	野	野
洞 음 고을 동 뜻 마을 丶 冫 氵 沪 洞 洞 洞	洞	洞	洞	洞
庭 음 뜰 정 뜻 뜰 丶 广 庐 庐 庄 庭 庭	庭	庭	庭	庭

뜻풀이

曠遠綿邈(광원면막)
산, 벌판, 호수 등이 아득하고 멀리 그리고 널리 줄지어 있음을 말한다.

曠				
음 넓을 광 뜻 넓다				
日 日' 旷 旷 瞎 瞎 曠				

遠				
음 멀 원 뜻 멀다				
一 土 吉 吉 吉 袁 遠				

綿				
음 솜 면 뜻 솜				
ノ 幺 糸 糹 紛 綿 綿				

邈				
음 멀 막 뜻 아득하다				
ノ 豸 豸' 豹 貇 貌 邈				

뜻풀이

巖岫杳冥(암수묘명)
큰 바위와 메 뿌리가 묘연하고 아득함을 말한다.

巖
- 음 바위 암 뜻 바위

岫
- 음 산굴 수 뜻 산봉우리

杳
- 음 깊을 묘 뜻 깊다

冥
- 음 어두울 명 뜻 어둡다

뜻풀이

治本於農(치본어농)
다스리는 것은 농사를 근본으로 하니 중농 정치를 이른다.

治
음 다스릴 치 뜻 다스리다
丶 丶 氵 氵 治 治 治

本
음 근본 본 뜻 근본
一 十 才 木 本

於
음 어조사 어 뜻 ~에
一 方 方 方 扩 於 於

農
음 농사 농 뜻 농사
丨 曰 曲 曲 曲 農 農

뜻풀이

務玆稼穡(무자가색)
때맞춰 심고 힘써 일하며 많은 수익을 거둔다.

務
음 힘쓸 무 뜻 힘쓰다
ㄱ ㄲ 予 矛 矜 務 務

玆
음 이 자 뜻 이
一 十 艹 艹 茲 茲 玆

稼
음 심을 가 뜻 심다
一 千 禾 禾 秆 稼 稼

穡
음 거둘 색 뜻 거두다
一 千 禾 禾 秭 穡 穡

> **뜻풀이**
>
> 俶載南畝(숙재남묘)
> 비로소 남양의 밭에서 농작물을 배양한다.

俶
- 음 비로소 숙 뜻 비로소
- 亻 亻 仁 什 休 俶 俶

載
- 음 실을 재 뜻 경작하다
- 一 十 吉 言 載 載 載

南
- 음 남녘 남 뜻 남쪽
- 一 十 冂 冂 冉 南 南

畝
- 음 밭이랑 묘 뜻 밭이랑
- 一 亠 亩 亩 亩 畝 畝

뜻풀이

我藝黍稷(아예서직)
나는 기장과 피를 심는 일에 열중하겠다.

我
음 나 아 뜻 나
ノ 二 于 手 我 我

藝
음 재주 예 뜻 재주
艹 艾 茡 葝 蓺 蓺 藝

黍
음 기장 서 뜻 기장
二 千 禾 禾 禾 黍 黍

稷
음 피 직 뜻 피
二 禾 利 稈 稈 稷 稷

천자문 169

> **뜻풀이**
>
> 稅熟貢新(세숙공신)
> 곡식이 익으면 부세하여 국용을 준비하고 신곡으로 종묘에 제사를 올린다.

稅
- 음 세납 세 뜻 세금
- 二 千 禾 秒 秒 税 税

熟
- 음 익을 숙 뜻 익다
- 亠 亨 享 享 孰 孰 熟

貢
- 음 바칠 공 뜻 바치다
- 一 エ 干 丢 乔 百 貢

新
- 음 새 신 뜻 새로운 것
- 二 立 立 辛 亲 新 新

뜻풀이

勸賞黜陟(권상출척)
농민의 의기를 앙양키 위하여 열심인 자는 상 주고 게을리한 자는 출척하였다.

勸
[음] 권할 권 [뜻] 권하다
艹 苎 苩 莑 藿 藋 勸

賞
[음] 상줄 상 [뜻] 상주다
丨 ⺌ 兴 岩 当 賞 賞

黜
[음] 물리칠 출 [뜻] 물리치다
冂 罒 里 黒 黒1 黜 黜

陟
[음] 오를 척 [뜻] 오르다
3 阝 阝 阡 阩 陟 陟

> **뜻풀이**
>
> 孟軻敦素(맹가돈소)
> 맹자는 그 모친의 교훈을 받아 자사문하에서 배웠다.

孟
- 음: 맏 맹
- 뜻: 맏

了 子 子 孟 孟 孟 孟

軻
- 음: 높을 가
- 뜻: 때를 못 만나다

一 亘 車 車 軒 軻 軻

敦
- 음: 도타울 돈
- 뜻: 도탑다

二 亠 亨 亨 享 敦 敦

素
- 음: 바탕 소
- 뜻: 바탕

二 主 丰 泰 素 素

뜻풀이

史魚秉直(사어병직)
사어라는 사람은 위나라 태부였으며 그 성격이 매우 강직하였다.

史 [음]사기 사 [뜻]사기 ㅁㅁ史史	史	史	史	史
魚 [음]물고기 어 [뜻]물고기 ㅅㅆ各各亀魚魚	魚	魚	魚	魚
秉 [음]잡을 병 [뜻]잡다 一ㄱ二彐圭秉秉	秉	秉	秉	秉
直 [음]곧을 직 [뜻]곧다 一十十古方肖直	直	直	直	直

천자문 173

뜻풀이

庶幾中庸(서기중용)
어떠한 일도 한쪽으로 기울어지게 일하면 안 된다.

庶				
음 여러 서 뜻 무리				
丶 广 庁 庀 庈 庶 庶				

幾				
음 거의 기 뜻 몇				
ㄥ 幺 幺幺 絲 絲 幾 幾				

中				
음 가운데 중 뜻 가운데				
丨 冂 口 中				

庸				
음 떳떳할 용 뜻 떳떳하다				
丶 广 庁 庀 肩 肩 庸				

뜻풀이

勞謙謹勅(노겸근칙)
근로하고 겸손하며 삼가고 신칙하면 중용의 도에 이른다.

勞
음 수고로울 로   뜻 수고하다

謙
음 겸손할 겸   뜻 겸손하다

謹
음 삼갈 근   뜻 삼가다

勅
음 신칙할 칙   뜻 신칙하다

뜻풀이

聆音察理(영음찰리)
소리를 듣고 그 거동을 살피니 조그마한 일이라도 주의하여야 한다.

聆	聆	聆	聆	聆

음 들을 영 뜻 듣다
一 丆 丆 F E 耳 耶 聆

音	音	音	音	音

음 소리 음 뜻 소리
丶 亠 立 立 产 音 音

察	察	察	察	察

음 살필 찰 뜻 살피다
宀 灾 灾 灾 容 寥 察

理	理	理	理	理

음 이치 리 뜻 이치
二 T 王 王 玑 玑 理 理

뜻풀이

鑑貌辨色(감모변색)
모양과 거동으로 그 마음속을 분별할 수 있다.

鑑				
음 볼 감 뜻 보다				
ノ ㇾ 金 鈩 鉟 鑑 鑑				

貌				
음 모양 모 뜻 모양				
ノ ´ 乡 豸 豹 豹 貌				

辨				
음 분별할 변 뜻 분별하다				
亠 立 辛 剃 剃 辨 辨				

色				
음 빛 색 뜻 빛				
ノ ⺈ ㇰ 各 各 色				

뜻풀이

貽厥嘉猷(이궐가유)
도리를 지키고 착함으로 자손에 좋은 것을 끼쳐야 한다.

貽
음 끼칠 이 뜻 끼치다
丨 冂 目 貝 貝' 貽' 貽

厥
음 그궐 뜻 그
一 厂 严 厊 屏 厥 厥

嘉
음 아름다울 가 뜻 아름답다
一 十 吉 壴 嘉 嘉 嘉

猷
음 꾀 유 뜻 꾀
八 亠 亽 酋 酋 猷 猷

뜻풀이

勉其祗植(면기지식)
착한 것으로 자손에 줄 것을 힘써야 좋은 가정을 이룰 것이다.

勉
음 힘쓸 면 뜻 힘쓰다
ノ ク 各 争 免 免 勉

其
음 그 기 뜻 그
一 十 卄 甘 苴 其 其

祗
음 공경할 지 뜻 공경하다
ラ ネ 礻 祗 祗

植
음 심을 식 뜻 심다
一 十 才 木 枦 植 植

뜻풀이

省躬譏誡(성궁기계)
나무람과 경계함이 있는가 염려하며 몸을 살피라.

省				
음 살필 성 뜻 살피다 ／ 小 少 少 省 省 省				
躬				
음 몸 궁 뜻 몸 ／ 冂 身 身 身 躬 躬				
譏				
음 나무랄 기 뜻 나무라다 言 言 訁 誎 誎 譏 譏				
誡				
음 경계할 계 뜻 경계하다 言 言 言 訐 訐 誡 誡				

뜻풀이

寵增抗極(총증항극)
총애가 더할수록 교만한 태도를 부리지 말고 더욱 조심하여야 한다.

寵				
음 사랑할 총 뜻 사랑하다				
宀 宂 宵 宵 宵 寵 寵				

增				
음 더할 증 뜻 더하다				
一 十 圵 圴 圸 增 增				

抗				
음 겨룰 항 뜻 겨루다				
一 十 扌 扌 扩 扩 抗				

極				
음 극진할 극 뜻 지극하다				
一 木 朽 朽 柯 極 極				

뜻풀이

殆辱近恥(태욕근치)
총애를 받는다고 욕된 일을 하면 머지 않아 위태함과 치욕이 온다.

殆
[음] 위태할 태 [뜻] 위태하다
一 ア 万 歹 殆 殆 殆

辱
[음] 욕될 욕 [뜻] 욕되다
一 厂 厃 辰 辰 辰 辱

近
[음] 가까울 근 [뜻] 가깝다
一 厂 斤 斤 沂 近 近

恥
[음] 부끄러울 치 [뜻] 부끄럽다
一 丁 下 王 耳 耳 恥 恥

뜻풀이

林皐幸卽(임고행즉)
부귀할지라도 검소하여 산간 수풀에서 편히 지내는 것도 다행한 일이다.

林 음 수풀 림 뜻 수풀
皐 음 언덕 고 뜻 언덕
幸 음 다행할 행 뜻 다행
卽 음 곧 즉 뜻 곧

뜻풀이

兩疏見機(양소견기)
한나라의 소광과 소수는 기틀을 보고 상소하고 낙향했다.

兩 음 둘 량 뜻 둘 ㅡ ㄱ 币 币 兩 兩	兩	兩	兩	兩
疏 음 드물 소 뜻 드물다 了 正 正 疋 䟽 䟽 疏	疏	疏	疏	疏
見 음 볼 견 뜻 보다 丨 冂 冃 月 目 貝 見	見	見	見	見
機 음 베틀 기 뜻 베틀 一 十 木 杉 樊 機 機	機	機	機	機

뜻풀이

解組誰逼(해조수핍)
관의 끈을 풀어 사직하고 돌아가니 누가 핍박하리요.

解 음 풀 해 뜻 풀다 ⺈ ⺈ 角 角 角 觧 解	解	解	解	解
組 음 짤 조 뜻 꾸미다 𠃋 幺 糸 糹 紅 組 組	組	組	組	組
誰 음 누구 수 뜻 누구 言 言 訁 訃 詐 誰 誰	誰	誰	誰	誰
逼 음 핍박할 핍 뜻 핍박하다 一 𠫓 𠮛 畐 畐 畐 逼	逼	逼	逼	逼

뜻풀이

索居閑處(색거한처)
퇴직하여 한가한 곳에서 세상을 보냈다.

索				
음 찾을 색　뜻 찾다				
一 十 冖 中 宏 索 索				

居				
음 살 거　뜻 살다				
一 コ 尸 尸 尸 居 居				

閑				
음 한가할 한　뜻 한가하다				
丨 卩 戶 門 門 閂 閑				

處				
음 곳 처　뜻 곳				
丨 卜 广 虍 虍 虐 處				

뜻풀이

沈默寂廖(침묵적요)
세상에 나와서 교제하는 데도 언행에 침착해야 한다.

沈
음 잠길 침 뜻 잠기다
丶 丶 氵 氵 汀 沙 沈

默
음 잠잠할 묵 뜻 묵묵하다
口 囗 里 黑 黑 默 默

寂
음 고요할 적 뜻 고요하다
丶 宀 宀 宁 宋 宋 宋 寂

廖
음 쓸쓸할 료 뜻 쓸쓸하다
广 广 广 庐 庾 廖 廖

뜻풀이

求古尋論(구고심론)
예를 찾아 의논하고 고인을 찾아 토론한다.

求 [음]구할 구 [뜻]구하다 一 十 寸 才 求 求 求	求	求	求	求
古 [음]옛 고 [뜻]옛날 一 十 古 古 古	古	古	古	古
尋 [음]찾을 심 [뜻]찾다 フ ヨ ヨ 큐 큠 큨 尋 尋	尋	尋	尋	尋
論 [음]의논할 론 [뜻]의논하다 ᅩ 言 訁 訃 訡 訡 論	論	論	論	論

뜻풀이

散慮逍遙(산려소요)
세상 일을 잊어버리고 자연 속에서 한가하게 즐긴다.

散
[음] 흩어질 산 [뜻] 흩어지다
一 艹 丗 丗 昔 昔 散

慮
[음] 생각 려 [뜻] 염려하다
丨 ト 广 广 虍 虍 盧 慮

逍
[음] 노닐 소 [뜻] 노닐다
丨 ㅗ 广 广 肖 逍

遙
[음] 멀 요 [뜻] 멀다
丿 夕 夕 夅 夅 遙

뜻풀이

欣奏累遣(흔주루견)
기쁨은 아뢰고 더러움은 보내니.

欣 음 기쁠 흔 뜻 기뻐하다 ´ 厂 F 斤 斤 欣 欣	欣	欣	欣	欣
奏 음 아뢸 주 뜻 아뢰다 一 三 夫 夫 表 奏 奏	奏	奏	奏	奏
累 음 더럽힐 루 뜻 더럽히다 冂 口 田 甲 꿘 累 累	累	累	累	累
遣 음 보낼 견 뜻 보내다 冂 口 虫 串 肯 肯 遣	遣	遣	遣	遣

뜻풀이

感謝歡招(척사환초)
심중의 슬픈 것은 없어지고 즐거움만 부른 듯이 오게 된다.

感
음 슬플 척　뜻 슬퍼하다
丿 厂 厃 戹 戚 戚 感

謝
음 사례할 사　뜻 사례하다
言 訁 訐 謝 謝 謝 謝

歡
음 기쁠 환　뜻 기쁨
艹 芍 苎 萑 藋 藋 歡

招
음 부를 초　뜻 부르다
一 寸 扌 扣 扣 招 招

뜻풀이

渠荷的歷(거하적력)
개천의 연꽃도 아름다우니 향기를 잡아 볼 만하다.

渠
음 개천 거 뜻 개천
氵 汁 沪 泗 洰 渾 渠

荷
음 연꽃 하 뜻 연
一 艹 艻 芢 荷 荷 荷

的
음 적실할 적 뜻 과녁
丿 𠂉 白 白 的 的 的

歷
음 지날 력 뜻 지나다
一 厂 厈 厤 歷 歷 歷

뜻풀이

園莽抽條(원망추조)
동산의 풀은 땅속 양분으로 가지가 뻗고 크게 자란다.

園
음 동산 원 뜻 동산
冂 冂 冃 周 周 園 園

莽
음 풀 망 뜻 풀이 우거지다
艹 艹 芢 茮 莕 莽

抽
음 뺄 추 뜻 빼다
一 十 才 扣 扣 抽 抽

條
음 가지 조 뜻 가지
丿 亻 伙 依 依 條 條

뜻풀이

枇杷晩翠(비파만취)
비파나무는 늦은 겨울에도 그 빛은 푸르다.

枇
음 비파나무 비 뜻 비파나무
一 十 木 木 朴 朴 枇

杷
음 비파나무 파 뜻 비파나무
一 十 木 木 朷 杁 杷

晩
음 늦을 만 뜻 늦다
几 日 旷 昤 晚 晚 晩

翠
음 푸를 취 뜻 푸르다
ㄱ ㅋ ㅋㅋ ㅋㅋㅋ 翠 翠 翠

뜻풀이

梧桐早凋(오동조조)
오동잎은 가을이면 다른 나무보다 먼저 마른다.

梧	梧	梧	梧	梧
음 오동나무 오　뜻 오동나무				
一 十 才 木 木 栢 梧 梧				

桐	桐	桐	桐	桐
음 오동나무 동　뜻 오동나무				
一 十 才 木 朾 桐 桐 桐				

早	早	早	早	早
음 이를 조　뜻 일찍				
丨 冂 冃 日 旦 早				

凋	凋	凋	凋	凋
음 시들 조　뜻 시들다				
丶 冫 冽 冽 凋 凋 凋				

> **뜻풀이**
>
> 陳根委翳(진근위예)
> 가을이 오면 오동뿐 아니라 고목의 뿌리는 시들어 마른다.

陳
[음] 베풀 진 [뜻] 베풀다
了 阝 阝 阡 阡 陣 陳

根
[음] 뿌리 근 [뜻] 뿌리
一 十 木 ホ ホ 杞 根

委
[음] 맡길 위 [뜻] 시들다
ニ 千 千 禾 秂 委 委

翳
[음] 가릴 예 [뜻] 가리다
一 矢 医 医殳 殹 翳

뜻풀이

落葉飄颻(낙엽표요)
가을이 오면 낙엽이 펄펄 날리며 떨어진다.

落
[음] 떨어질 락 [뜻] 떨어지다
艹 艹 艹 莎 莎 茨 落

葉
[음] 잎사귀 엽 [뜻] 잎사귀
艹 艹 艹 苧 苹 葉 葉

飄
[음] 나부낄 표 [뜻] 나부끼다
西 票 飘 飘 飘 飘 飄

颻
[음] 불어 오르는 바람 요 [뜻] 나부끼다
ク タ 夅 备 备 颔 颻

천자문 197

> **뜻풀이**
>
> 遊鵾獨運(유곤독운)
> 곤새가 자유로이 홀로 날개를 펴고 운회하고 있다.

遊
- 음 놀 유 뜻 놀다
- 丶 亠 方 扩 扩 㳺 遊

鵾
- 음 곤새 곤 뜻 곤새
- 丨 冂 日 曰 昆 昆' 鵾 鵾

獨
- 음 홀로 독 뜻 홀로
- 丿 犭 犳 狎 狎 獨 獨

運
- 음 운전할 운 뜻 운전하다
- 冖 冖 冒 冝 軍 運

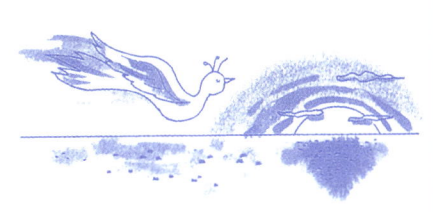

뜻풀이

凌摩絳霄(능마강소)
적색의 하늘을 업신여기는 듯이 선회하고 있다.

凌
[음] 업신여길 릉 [뜻] 업신여기다
冫 冫 冫 冰 凌 凌 凌

摩
[음] 닦을 마 [뜻] 닦다
亠 广 广 庐 麻 麻 摩

絳
[음] 붉을 강 [뜻] 짙게 붉다
幺 糸 糿 紋 終 終 絳

霄
[음] 하늘 소 [뜻] 하늘
宀 冖 㕻 雨 雨 霄 霄

천자문 199

뜻풀이

耽讀翫市(탐독완시)
한나라의 왕충은 독서를 즐겨 서점에 가서 탐독하였다.

耽				
음 즐길 탐 뜻 즐기다				
一 厂 丆 耳 耴 耽 耽				

讀				
음 읽을 독 뜻 읽다				
亠 言 訁 諽 讀 讀 讀				

翫				
음 가지고 놀 완 뜻 장난감				
冫 羽 羿 習 翫 翫				

市				
음 저자 시 뜻 저자				
亠 亠 广 方 市				

뜻풀이

寓目囊箱(우목낭상)
왕총이 한번 읽으면 잊지 아니하여 글을 주머니나 상자에 듬과 같다고 하였다.

寓 [음] 부칠 우 [뜻] 붙어 살다 广宀宇宇宮寓寓				
目 [음] 눈 목 [뜻] 눈 丨冂冃目目				
囊 [음] 주머니 낭 [뜻] 주머니 一㠯囟㯱㯱囊囊				
箱 [음] 상자 상 [뜻] 상자 丿ㅗ竹竹笫箱箱				

뜻풀이

易輶攸畏(이유유외)
매사를 소홀히 하고 경솔함은 군자가 진실로 두려워하는 바이다.

易				
음 쉬울 이 뜻 쉽다				
ㅣ 冂 日 旦 号 易 易				

輶				
음 가벼울 유 뜻 가볍다				
一 冂 車 軒 斬 輶 輶				

攸				
음 바 유 뜻 ~바				
丿 亻 伊 伊 攸 攸				

畏				
음 두려워할 외 뜻 두려워하다				
ㅣ 冂 田 甼 畏 畏 畏				

뜻풀이

屬耳垣牆(속이원장)
담장에도 귀가 있다는 말과 같이 경솔히 말하는 것을 조심하라.

屬				
음 붙일 속 뜻 붙이다				
ᅳ 尸 尸 尸 屬 屬 屬				

耳				
음 귀 이 뜻 귀				
ᅳ 丁 丅 F 王 耳				

垣				
음 담 원 뜻 담				
ᅳ 土 圠 圢 坧 垣 垣				

牆				
음 담 장 뜻 담				
` 爿 爿 爿 牆 牆 牆				

뜻풀이

具膳飧飯(구선손반)
반찬을 갖추고 밥을 먹으니.

具
[음] 갖출 구 [뜻] 갖추다
丨 冂 冃 目 且 具 具

膳
[음] 반찬 선 [뜻] 반찬
丿 月 月⺀ 肝 膳 膳 膳

飧
[음] 밥 손 [뜻] 저녁밥
一 ㄅ 歹 歺 飧 飧 飧

飯
[음] 밥 반 [뜻] 밥
丿 𠂉 今 food 飠 飣 飯

뜻풀이

適口充腸(적구충장)
훌륭한 음식이 아니라도 입에 맞으면 배를 채운다.

適
음 맞을 적 뜻 맞다
亠 宀 칩 商 商 適

口
음 입 구 뜻 입
丨 口 口

充
음 채울 충 뜻 채우다
丶 亠 云 츠 充

腸
음 창자 장 뜻 창자
丿 月 肝 肥 胆 腭 腸

천자문 205

뜻풀이

飽飫烹宰(포어팽재)
배부를 때에는 아무리 좋은 음식이라도 그 맛을 모른다.

飽	飽	飽	飽	飽
음 배부를 포 뜻 배부르다 ノ ク 今 food 飣 飣 飽				
飫	飫	飫	飫	飫
음 물릴 어 뜻 물리다, 배부르다 ノ ク 今 food 飠 飫 飫				
烹	烹	烹	烹	烹
음 삶을 팽 뜻 삶다 亠 古 古 亨 亨 亨 烹				
宰	宰	宰	宰	宰
음 재상 재 뜻 다스리다 丶 宀 宀 宀 宁 宰 宰				

뜻풀이

飢厭糟糠(기염조강)
반대로 배가 고플 때에는 겨와 재강도 맛있게 되는 것이다.

飢
음 굶을 기 뜻 주리다
ノ 𠂉 𠂉 𠂉 㐺 飢 飢

厭
음 싫어할 염 뜻 싫어하다
厂 厂 厃 厃 厃 厭 厭

糟
음 재강 조 뜻 지게미
丷 米 米 糒 糟 糟 糟

糠
음 겨 강 뜻 겨
丷 丬 米 米 糠 糠 糠

뜻풀이

親戚故舊(친척고구)
친은 동성지친이고 척은 이성지친이요 고구는 오랜 친구를 말한다.

親
[음] 친할 친 [뜻] 친하다

戚
[음] 겨레 척 [뜻] 겨레

故
[음] 연고 고 [뜻] 연고

舊
[음] 옛 구 [뜻] 옛

뜻풀이

老少異糧(노소이량)
늙은이와 젊은이의 식사가 다르다.

老
음 늙을 로 뜻 늙다
一 十 土 耂 耂 老

少
음 젊을 소 뜻 젊다
丿 亅 小 少

異
음 다를 이 뜻 다르다
丨 冂 田 甲 里 異 異

糧
음 양식 량 뜻 양식
丶 ハ 丷 米 籵 粁 糧 糧

뜻풀이

妾御績紡(첩어적방)
남자는 밖에서 일하고 여자는 안에서 길쌈을 짜니라.

妾
[음] 첩 첩 [뜻] 첩(여자)

御
[음] 거느릴 어 [뜻] 거느리다

績
[음] 길쌈할 적 [뜻] 길쌈하다

紡
[음] 길쌈 방 [뜻] 실을 뽑다

뜻풀이

侍巾帷房(시건유방)
유방에서 모시고 수건을 받드니 처첩이 하는 일이다.

侍
음 모실 시 뜻 모시다
亻 亻 伫 佳 侍 侍

巾
음 수건 건 뜻 수건
丨 冂 巾

帷
음 장막 유 뜻 장막
冂 巾 忄 怍 怍 帷 帷

房
음 방 방 뜻 방
丶 亠 ㇇ 户 户 房 房

뜻풀이

紈扇圓潔(환선원결)
흰 비단으로 만든 부채는 둥글고 깨끗하다.

紈				
음 흰 비단 환 뜻 흰 비단				
幺 糸 糿 紈 紈				

扇				
음 부채 선 뜻 부채				
丶 ⺊ 彐 户 庁 肩 扇				

圓				
음 둥글 원 뜻 둥글다				
丨 冂 冂 同 冏 圓 圓				

潔				
음 깨끗할 결 뜻 깨끗하다				
氵 汁 津 浔 潔 潔 潔				

뜻풀이

銀燭煒煌(은촉위황)
은촛대의 촛불은 빛나서 휘황찬란하다.

| 銀 | 銀 | 銀 | 銀 | 銀 |

음 은 은   뜻 은
ノ 乍 牟 金 鈩 鈩 銀

| 燭 | 燭 | 燭 | 燭 | 燭 |

음 촛불 촉   뜻 촛불
丶 火 灯 灯 焗 燭 燭

| 煒 | 煒 | 煒 | 煒 | 煒 |

음 빨갈 위   뜻 빨갛다
丶 火 灯 灯 烌 煒 煒

| 煌 | 煌 | 煌 | 煌 | 煌 |

음 빛날 황   뜻 빛나다
丶 火 火 炮 煌 煌 煌

뜻풀이

晝眠夕寐(주면석매)
낮에 낮잠 자고 밤에 일찍 자니 한가한 사람의 일이다.

晝				
음 낮 주 뜻 낮				
ㄱ ㄱ ㄹ 肀 圭 書 晝				

眠				
음 잠잘 면 뜻 잠자다				
ㅣ 目 目' 旷 旷 眠 眠				

夕				
음 저녁 석 뜻 저녁				
ノ ク 夕				

寐				
음 잘 매 뜻 자다				
宀 宀 疒 疒 疒 寐 寐				

뜻풀이

藍筍象床(남순상상)
푸른 대순과 코끼리 상이니 즉 한가한 사람의 침상이다.

藍				
음 쪽 람 뜻 남색				
⺾ 芦 苧 蓝 萨 藍 藍				

筍				
음 죽순 순 뜻 죽순				
⼃ ⺮ ⺮ 筍 筍 筍 筍				

象				
음 코끼리 상 뜻 코끼리				
⼃ 冘 욤 욲 욲 象 象				

床				
음 평상 상 뜻 평상				
⼂ ⼀ 广 广 庄 床 床				

뜻풀이

絃歌酒讌(현가주연)
거문고를 타며 술과 노래로 잔치하니.

絃
음 악기줄 현 뜻 악기의 줄
幺 夅 糸 糺 紅 絃 絃

歌
음 노래 가 뜻 노래
一 厂 丐 可 哥 歌 歌

酒
음 술 주 뜻 술
氵 氵 沂 沂 洒 酒 酒

讌
음 잔치할 연 뜻 잔치하다
丶 言 言 訐 詌 讌 讌

뜻풀이

接杯擧觴(접배거상)
작고 큰 술잔을 서로 주고받으며 즐기는 모습이다.

接				
음 대접할 접 뜻 대접하다				
一 扌 扩 护 按 接 接				

杯				
음 잔 배 뜻 잔				
一 十 オ 木 朾 杯 杯				

擧				
음 들 거 뜻 들다				
⺣ 臼 臼 臼 與 與 擧				

觴				
음 술잔 상 뜻 술잔				
⺈ 角 角 觞 觴 觴 觴				

뜻풀이

矯手頓足(교수돈족)
손을 들고 발을 두드리며 춤을 춘다.

矯
음 바로잡을 교 뜻 바로잡다
ㄴ 矢 矢 矢 矯 矯 矯

手
음 손 수 뜻 손
ㄧ ㄴ 三 手

頓
음 조아릴 돈 뜻 조아리다
一 口 屯 屯 竎 頓 頓

足
음 발 족 뜻 발
ㄧ 口 口 무 무 足 足

뜻풀이

悅豫且康(열예차강)
이상과 같이 마음 편히 즐기고 살면 단란한 가정이다.

悅
[음] 기쁠 열 [뜻] 기쁘다
丶丨忄忄怡怡悅

豫
[음] 미리 예 [뜻] 미리
フ ヌ 予 矛 矛 豫 豫

且
[음] 또 차 [뜻] 또
丨 冂 日 月 且

康
[음] 편안 강 [뜻] 편안
丶 亠 广 户 序 康 康

뜻풀이

嫡後嗣續(적후사속)
적자된 자, 즉 장남은 뒤를 계승하여 대를 이룬다.

嫡
[음] 정실 적 [뜻] 정실, 본처
乚 乂 女 妒 妒 嫡 嫡

後
[음] 뒤 후 [뜻] 뒤
彳 彳 彳 彳 伇 後 後

嗣
[음] 이을 사 [뜻] 잇다
口 冎 冎 帍 帍 嗣 嗣

續
[음] 이을 속 [뜻] 이어가다
幺 糹 紝 紶 绩 績 續

뜻풀이

祭祀蒸嘗(제사증상)
제사하되 겨울 제사는 증이라 하고 가을 제사는 상이라 한다.

祭
음 제사 제 뜻 제사
ノ ク タ ゲ ヌ 奴 奴 怒 祭

祀
음 제사 사 뜻 제사
ラ ネ ネ 礻 礻 祀

蒸
음 찔 증 뜻 찌다
艹 艹 艹 艹 艹 茏 茏 蒸

嘗
음 맛볼 상 뜻 맛보다
ノ ソ 业 " 尚 尚 嘗 嘗

천자문 221

뜻풀이

稽顙再拜(계상재배)
이마를 조아려 선조에게 두 번 절한다.

稽	稽	稽	稽	稽

음 조아릴 계 뜻 머리 숙이다
⺈ 千 禾 秆 秆 稖 稽

顙	顙	顙	顙	顙

음 이마 상 뜻 이마
⺈ 桑 桑 桑 顙 顙 顙

再	再	再	再	再

음 두 재 뜻 두 번
一 丆 丆 丏 再 再

拜	拜	拜	拜	拜

음 절 배 뜻 절
⺈ 二 三 扌 扞 拜 拜

뜻풀이

悚懼恐惶(송구공황)
송구하고 공황하니 엄중, 공경함이 지극함이라. 3년 상 이후의 제사시의 몸가짐이다.

悚
음 두려울 송 뜻 송구스럽다
丶 忄 忄 忄 悚 悚 悚

懼
음 두려워할 구 뜻 두려워하다
丶 忄 忄 愕 愕 愕 懼

恐
음 두려울 공 뜻 두렵다
一 工 卫 巩 巩 恐 恐

惶
음 두려울 황 뜻 두려워하다
丶 忄 忄 忄 惶 惶 惶

뜻풀이

牋牒簡要(전첩간요)
글과 편지는 간략함을 요한다.

牋
음 편지 전 뜻 글
丿 丬 爿 片 片 牋 牋

牒
음 편지 첩 뜻 편지
丿 丬 爿 爿 牊 牒 牒

簡
음 간략할 간 뜻 간략하다
丿 ⺮ ⺮ 笁 筲 简 簡

要
음 중요 요 뜻 요긴하다
一 丆 兀 西 要 要 要

뜻풀이

顧答審詳(고답심상)
편지의 회답도 자세히 살펴 써야 한다.

顧
음 돌아볼 고 뜻 돌아보다
丶 亠 户 户 雇 顧 顧

答
음 대답 답 뜻 대답
丿 𠂉 𥫗 𥫗 𥫗 答 答

審
음 살필 심 뜻 살피다
宀 宀 宀 宷 寀 審 審

詳
음 자세할 상 뜻 자세하다
丶 亠 言 訁 訁 詳 詳

> **뜻풀이**
>
> 骸垢想浴(해구상욕)
> 몸에 때가 끼면 목욕하기를 생각한다.

骸
음 뼈 해 뜻 뼈
冂 冃 咼 骨 骨 骸 骸

垢
음 때 구 뜻 때
一 十 土 圩 圬 垢 垢

想
음 생각 상 뜻 생각하다
一 十 木 木 相 想 想

浴
음 목욕할 욕 뜻 목욕
丶 氵 氵 氵 汵 浴 浴

226 千字文

뜻풀이

執熱願凉(집열원량)
더우면 서늘하기를 원한다.

執	執 執 執 執
음 잡을 집 뜻 잡다	
一 十 土 후 幸 封 執	

熱	熱 熱 熱 熱
음 뜨거울 열 뜻 열	
一 十 土 幸 執 執 熱	

願	願 願 願 願
음 원할 원 뜻 원하다	
一 厂 厉 原 原 願 願	

凉	凉 凉 凉 凉
음 서늘할 량 뜻 서늘하다	
冫 冫 冫 冷 冷 凉 凉	

뜻풀이

驢騾犢特(여라독특)
나귀와 노새와 송아지 즉 가축을 말한다.

驢
- 음 나귀 려 뜻 나귀
- 「 F 馬 馬 馿 驢 驢

騾
- 음 노새 라 뜻 노새
- 「 F 馬 馬 騍 騾 騾

犢
- 음 송아지 독 뜻 송아지
- ノ 十 牛 牛 犢 犢 犢

特
- 음 특별할(수소) 특 뜻 특별하다
- ノ 十 牛 牜 牜 特 特

뜻풀이

駭躍超驤(해약초양)
뛰고 달리며 노는 가축의 모습을 말한다.

駭
음 놀랄 해 뜻 놀라다
丨 𠂉 馬 馬 馬⺄ 馿 駭 駭

躍
음 뛸 약 뜻 뛰다
丶 口 呈 呈⺆ 跞 躍 躍

超
음 뛰어넘을 초 뜻 뛰어넘다
一 土 キ 走 起 起 超

驤
음 머리들 양 뜻 달리다
丨 𠂉 馬 馬⺄ 驦 驤 驤

뜻풀이

誅斬賊盜(주참적도)
역적과 도적을 베어 물리친다.

誅				
음 벨 주 뜻 베다				
一 三 言 訁 訐 誅 誅				

斬				
음 벨 참 뜻 베다				
一 百 亘 車 斬 斬 斬				

賊				
음 도둑 적 뜻 도둑				
丨 冂 目 貝 貝 賊 賊				

盜				
음 도둑 도 뜻 도둑				
氵 氵 次 盜 盜 盜 盜				

뜻풀이

捕獲叛亡(포획반망)
배반하고 도망하는 자를 잡아 죄를 다스린다.

捕				
음 잡을 포 뜻 사로잡다				
一 十 扌 扩 折 捐 捕				

獲				
음 얻을 획 뜻 얻다				
ノ 犭 犭 犷 犷 獲 獲				

叛				
음 배반할 반 뜻 배반하다				
ヽ ソ ゾ 半 判 叛 叛				

亡				
음 망할 망 뜻 도망하다				
ヽ 亠 亡				

> **뜻풀이**
>
> 布射遼丸(포사료환)
> 한나라 여포는 화살을 잘 쐈고 웅의료는 탄자를 잘 던졌다.

布				
음 베 포 뜻 베				
ノ ナ 右 布				

射				
음 쏠 사 뜻 쏘다				
丿 丬 身 身 身 射 射				

遼				
음 멀 료 뜻 멀다				
一 大 大 奞 睿 寮 遼				

丸				
음 둥글 환 뜻 탄알				
ノ 九 丸				

뜻풀이

嵇琴阮嘯(혜금완소)
위국 혜강은 거문고를 잘 타고 완적은 휘파람을 잘 불었다.

嵇
- 음: 산 이름 혜
- 뜻: 산의 이름
- ノ 二 千 禾 秋 秋 嵇

琴
- 음: 거문고 금
- 뜻: 거문고
- 二 王 王 玨 珡 琴 琴

阮
- 음: 성씨 완
- 뜻: 성의 하나
- ʼ 孑 阝 阝 阮 阮 阮

嘯
- 음: 휘파람 불 소
- 뜻: 휘파람
- 口 吋 吋 嘯 嘯 嘯 嘯

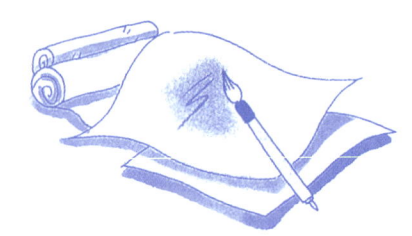

뜻풀이

恬筆倫紙(염필륜지)
진국 몽염은 토끼털로 처음 붓을 만들었고 후한 채륜은 처음 종이를 만들었다.

恬				
음 편안할 염 뜻 편안하다				
′ 忄 忄 忄 忄 恬 恬				
筆				
음 붓 필 뜻 붓				
′ ⺮ 竺 笙 笙 筆				
倫				
음 인륜 륜 뜻 인륜				
′ 亻 伦 伦 伶 伶 倫				
紙				
음 종이 지 뜻 종이				
幺 糸 糸 糽 紙 紙				

뜻풀이

鈞巧任釣(균교임조)
위국 마균은 지남거를 만들고 전국시대 임공자는 낚시를 만들었다.

鈞
[음] 무게 단위 균 [뜻] 무게 단위
ノ ㅅ 亽 金 釒 釣 釣 鈞

巧
[음] 교묘할 교 [뜻] 교묘하다
一 T I J 巧

任
[음] 맡길 임 [뜻] 맡다
ノ イ 仁 仁 仟 任

釣
[음] 낚시 조 [뜻] 낚시
ノ ㅅ 亽 金 釒 釣 釣

뜻풀이

釋紛利俗(석분이속)
이상 팔인의 재주를 다하여 어지러움을 풀어 풍속에 이롭게 하였다.

釋
음 풀 석 뜻 풀이하다
丿 丶 平 乎 采 彩 釋 釋

紛
음 어지러울 분 뜻 어지럽다
幺 乡 糸 糸 糽 紛 紛

利
음 이로울 이 뜻 이롭다
丿 二 千 才 禾 利 利

俗
음 풍속 속 뜻 풍속
丿 亻 亻 伀 伀 俗 俗

뜻풀이

並皆佳妙(병개가묘)
모두가 아름다우며 묘한 재주였다.

並
음 합할 병 뜻 합하다
丶 丷 굣 굣 並 並

皆
음 다 개 뜻 모두
一 ヒ ヒ' 比 毕 毕 皆 皆

佳
음 아름다울 가 뜻 아름답다
丿 亻 亻 仕 住 佳 佳

妙
음 묘할 묘 뜻 묘하다
〈 女 女 女` 妙 妙 妙

뜻풀이

毛施淑姿(모시숙자)
모는 오의 모타라는 여자이고 시는 월의 서시라는 여자인데 모두 절세미인이었다.

毛
음 털 모 뜻 털
ノ ニ 三 毛

施
음 베풀 시 뜻 베풀다
ㆍ ㅓ 方 扩 炉 施 施

淑
음 맑을 숙 뜻 맑다
ㆍ ㆍ ㆍ 汁 沭 淑 淑

姿
음 맵시 자 뜻 맵시
ㆍ ㆍ 次 次 次 姿 姿

뜻풀이

工嚬姸笑(공빈연소)
이 두 미인의 웃는 모습이 매우 곱고 아름다웠다.

工
[음] 공교로울 공 [뜻] 공교하다
一 T 工

嚬
[음] 찡그릴 빈 [뜻] 찡그리다
口 吖 吥 哳 哳 嚬 嚬

姸
[음] 고울 연 [뜻] 곱다
く 夕 女 女 妌 姸 姸

笑
[음] 웃음 소 [뜻] 웃음
丿 ⺊ 𥫗 竺 竺 笑 笑

천자문 239

뜻풀이

年矢每催(연시매최)
실같이 매양 재촉한다. 즉 세월이 빠른 것을 말한다.

年 음 해 년 뜻 해

矢 음 화살 시 뜻 화살

每 음 매양 매 뜻 매양

催 음 재촉할 최 뜻 재촉하다

뜻풀이

曦暉朗耀(희휘낭요)
태양 빛과 달빛은 온 세상을 비추어 만물에 혜택을 주고 있다.

曦 음 햇빛 희 뜻 햇빛				
暉 음 빛 휘 뜻 빛나다				
朗 음 밝을 랑 뜻 밝다				
耀 음 빛날 요 뜻 빛나다				

천자문 241

뜻풀이

璇璣懸斡(선기현알)
선기는 천기를 보는 기구이고 그 기구가 높이 걸려 도는 것을 말한다.

璇
[음] 옥 선 [뜻] (아름다운)옥

璣
[음] 구슬 기 [뜻] 둥글지 않은 구슬

懸
[음] 매달릴 현 [뜻] 매달리다

斡
[음] 돌 알 [뜻] 돌리다

뜻풀이

晦魄環照(회백환조)
달이 고리와 같이 돌며 천지를 비치는 것을 말한다.

晦				

음 그믐 회 뜻 그믐
丨 冂 日 旷 旷 晦 晦 晦

魄
음 넋 백 뜻 넋
丶 卜 白 帛 帛 魄 魄

環
음 고리 환 뜻 두르다
一 丅 王 珥 珥 瑞 環 環

照
음 비칠 조 뜻 비추다
丨 日 旷 昭 昭 照 照

뜻풀이

指薪修祐(지신수우)
불타는 나무와 같이 정열로 도리를 닦으면 복을 얻는다.

指
음 가리킬 시　뜻 가리키다
一 亠 扌 扩 抃 指 指

薪
음 땔나무 신　뜻 땔나무
艹 艹 莁 莁 薪 薪 薪

修
음 닦을 수　뜻 닦다
亻 亻 仃 攸 攸 修 修

祐
음 도울 우　뜻 돕다
丶 亠 衤 衤 衦 祐 祐

뜻풀이

永綏吉邵(영수길소)
그리고 영구히 편안하고 길함이 높으리라.

永
음 길 영　뜻 길다
` 氵 汀 永 永

綏
음 편안할 수　뜻 편안하다
乡 幺 糸 紆 紋 綏 綏

吉
음 길할 길　뜻 길하다
一 十 士 吉 吉 吉

邵
음 땅 이름 소　뜻 땅의 이름
丁 刀 召 召 邵

뜻풀이

矩步引領(구보인령)
걸음을 바로 걷고 따라서 얼굴도 바르니 위의가 당당하다.

矩
음 법도 구 뜻 법도
ノ ㅑ 失 矢 矩 矩 矩

步
음 걸음 보 뜻 걸음
丨 ㅏ ㅑ 止 ㅑ 步 步

引
음 끌 인 뜻 이끌다
ㄱ ㄱ 弓 引

領
음 거느릴 령 뜻 거느리다
ノ ㅑ 今 令 領 領 領

246 千字文

뜻풀이

俯仰廊廟(부앙낭묘)
항상 남묘에 있는 것으로 생각하고 머리를 숙여 예의를 지키다.

俯
[음] 엎드릴 부 [뜻] 엎드리다
亻 亻 亻 伫 俯 俯 俯

仰
[음] 우러를 앙 [뜻] 우러러 보다
丿 亻 亻 仆 仰 仰

廊
[음] 행랑 랑 [뜻] 행랑
亠 广 庁 庁 庐 廊 廊

廟
[음] 사당 묘 [뜻] 사당
亠 广 广 庐 庫 廟 廟

뜻풀이

束帶矜莊(속대궁장)
의복에 주의하여 단정히 함으로써 긍지를 갖는다.

束				
음 묶을 속 뜻 묶다				
一 ㄷ ㅁ 申 束 束				

帶				
음 띠 대 뜻 띠				
一 卅 卅 卅 带 帶				

矜				
음 자랑할 긍 뜻 자랑하다				
矛 矛 矜 矜				

莊				
음 장엄할 장 뜻 장엄하다				
艹 芊 芊 莊 莊				

뜻풀이

徘徊瞻眺(배회첨조)
같은 장소를 배회하며 선후를 보는 모양이다.

徘
음 배회할 배 뜻 거닐다
ノ ク 彳 彳 彳 徘 徘

徊
음 배회할 회 뜻 어정거리다
ノ ク 彳 彳 彳 徊 徊

瞻
음 쳐다볼 첨 뜻 쳐다보다
丨 冂 目 目 旷 旷 瞻 瞻

眺
음 바라볼 조 뜻 바라보다
丨 冂 目 目 目 眺 眺

> **뜻풀이**
>
> 孤陋寡聞(고루과문)
> 하등의 식견도 재능도 없다. 천자문의 저자가 자기 자신을 겸손해서 말한 것이다.

孤
- 음 외로울 고 뜻 외롭다
- 了 子 子 孒 孤 孤 孤

陋
- 음 더러울 루 뜻 더럽다
- 了 卩 阝 阿 阿 陋 陋

寡
- 음 적을 과 뜻 적다
- 宀 宀 宀 宣 宣 寡 寡

聞
- 음 들을 문 뜻 듣다
- ㅣ ㄗ ㄗ 門 門 閏 聞

뜻풀이

愚蒙等誚(우몽등초)
적고 어리석어 몽매함을 면치 못한다는 것을 말한다.

愚
음 어리석을 우   뜻 어리석다
口 日 곡 禺 禺 愚 愚

蒙
음 어리석을 몽   뜻 어리석다
艹 艹 䒑 莒 莔 蒙 蒙

等
음 무리 등   뜻 무리
丿 𠂉 𥫗 𥫗 竺 等 等

誚
음 꾸짖을 초   뜻 꾸짖다
亠 言 言 訁 訜 誚 誚

뜻풀이

謂語助者(위어조자)
어조라 함은 한문의 조사, 즉 다음 글자이다.

謂				
음 이를 위 뜻 이르다				
丶 亠 言 訂 謂 謂 謂 謂				

語				
음 말씀 어 뜻 말씀				
丶 亠 言 訂 語 語 語 語				

助				
음 도울 조 뜻 돕다				
丨 冂 日 日 且 助 助				

者				
음 놈 자 뜻 사람				
一 十 土 耂 耂 者 者				

뜻풀이

焉哉乎也(언재호야)
'언재호야' 이 네 글자는 어조사이다.

焉				
음 어찌 언 뜻 어조사				
一 下 正 正 岳 焉 焉				

哉				
음 어조사 재 뜻 그런가				
一 十 土 吉 哉 哉 哉				

乎				
음 어조사 호 뜻 ~에, ~보다				
ノ 厂 厈 亚 乎				

也				
음 어조사 야 뜻 ~이다				
丆 北 也				

천자문 253

아주 쉽게 따라 쓰는 천자문

초판 발행	2015년 11월 25일
초판 21쇄	2026년 01월 10일
편저	바른한자사용연구회
발행인	이재현
발행처	리틀씨앤톡
출판등록	제 2022-000106호(2022년 9월 23일)
주소	경기도 파주시 문발로 405 제2출판단지 활자마을
전화	02-338-0092
팩스	02-338-0097
홈페이지	www.seentalk.co.kr
E-mail	seentalk@naver.com
ISBN	978-89-6098-432-5 13710

- 저작권법에 의하여 한국 내에서 보호를 받는 저작물이므로 무단전재 및 복제를 금합니다.
- KC마크는 이 제품이 공통안전기준에 적합하였음을 의미합니다.

KC	**모델명**	아주 쉽게 따라 쓰는 천자문	**제조년월**	2026. 01. 10	**제조자명**	리틀씨앤톡	**제조국명**	대한민국
	주소	경기도 파주시 문발로 405 제2출판단지 활자마을	**전화번호**	02-338-0092	**사용연령**	5세 이상